Arvo Pärt Centre & Nieto Sobejano Arquitectos

A Common Denominator
Ühine nimetaja

I could compare my music to white light which contains all colours. Only a prism can divide the colours and make them appear; this prism could be the spirit of the listener.

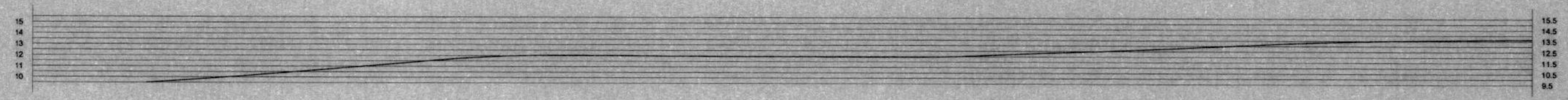
15
14
13
12
11
10
15.5
14.5
13.5
12.5
11.5
10.5
9.5

S1

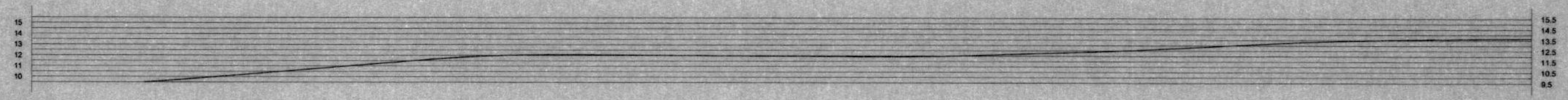
15
14
13
12
11
10
15.5
14.5
13.5
12.5
11.5
10.5
9.5

S2

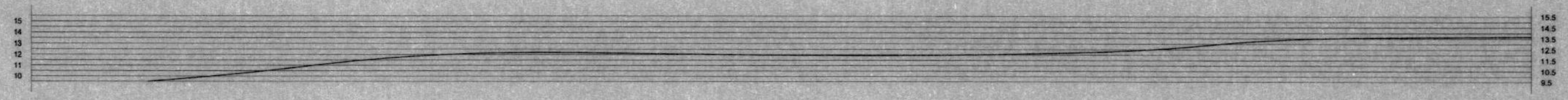
15
14
13
12
11
10
15.5
14.5
13.5
12.5
11.5
10.5
9.5

S3

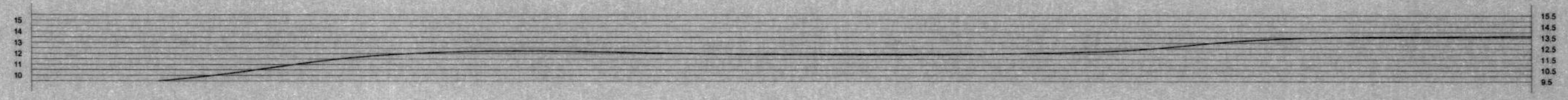
15
14
13
12
11
10
15.5
14.5
13.5
12.5
11.5
10.5
9.5

S4

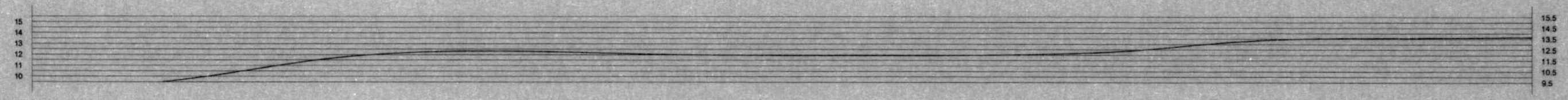
15
14
13
12
11
10
15.5
14.5
13.5
12.5
11.5
10.5
9.5

S5

Ma võiksin võrrelda oma
muusikat valge valgusega,
mis sisaldab kõiki värve.
Vaid prisma saab lahutada
värvid ja muuta need
nähtavaks; selleks prismaks
võib olla kuulaja hing.

A Common Denominator: Arvo Pärt Centre & Nieto Sobejano Arquitectos

Michael Pärt

Hidden patterns exist within the world around us and have over time played a significant part in the history of the Earth's evolution. When we look closely at organic matter, whether it be plant, animal or human life, we recognise patterns and rhythm. Some are one of a kind and others repetitive and symmetrical. It can be argued that distinct mathematical clarity is seen visually throughout the history of evolution, setting a universal equality across our natural world, from the most basic level in single-cell organisms to the great complexity of the human brain.

The twentieth-century philosopher and mathematician Bertrand Russell believed that when viewed correctly, mathematics possesses not only truth, but also supreme beauty, cold and austere. Does this idea still hold true at the extremes of infinity? The Greek philosopher Zeno of Elea (c 5 BC) is attributed to the concept of the 'appeal to extremes' (reductio ad absurdum), a logics process of disproving a statement by proving its absurdity in the context of infinity. We can see this in one of his most famous paradoxes, where the runner Achilles is unable to overtake a slow tortoise. Whilst modern-day science attempts to partly solve these age-old riddles, they still expose the limits of rational mathematics and testify to man's failure to grasp the paradox of infinity. Without a logical path forward, where can man find an outlet from this limitedness of infinity?

Maybe a further leap into the theological perspective can provide an answer, since the Otherness of the nature of God introduces the fresh dimension of creative freedom as opposed to simply infinite quantity. This concept of the lack of constraint plays a significant part in music and architecture at the moment of the birth of a creative idea. It allows for the big bang moment – the space and time when a creative impulse changes from infinite possibilities into a formulated original idea.

Where do the natural world, the sciences and the theological perspective meet? We can find the point of convergence by following Arvo Pärt's lead as described in his 2007 Brückepreis acceptance speech:

Let us endeavour to observe the human soul through an electron microscope, gradually progressing towards ever more powerful magnification. We bear witness to how all of man's external features, together with his unique qualities, weaknesses, and virtues, disappear from the picture as the magnification increases. It is like an endless process of reduction that guides us in the direction of what is important. On this journey to the interior, we also leave behind all social, cultural, political, and religious contexts. In the end, we arrive at a fundamental net-like pattern. It could also perhaps be called the geometry of the human soul: clear and organised, serenely shaped, but above all, beautiful. At this depth, we are all so similar to one another that we recognise ourselves in everyone.

The absence of constraint allows us to break through the paradoxical barriers of infinity within the natural world. The process of reduction can let us glance into the human soul and its supreme inner beauty. We see that it is all-encompassing as well as the seed for the coexistence of humanity. We reach a place yearned for by humans – a starting point for inner growth. Thus, we arrive at the origin of the natural coexistence of many disciplines. Whether we get there through a physical or a metaphysical dimension, we arrive at a common denominator.

Acknowledgements

Here I would like to single out our chief architects Fuensanta Nieto and Enrique Sobejano, to whom I, together with my parents Arvo and Nora Pärt, as well as our Arvo Pärt Centre team, would like to state my admiration and gratitude for a collaboration filled with creative fulfilment without artistic compromise. Yes, there were setbacks and tears, and yet there was always a creative answer at hand.

I would also like to share our collective appreciation to the wider teams of architects both in Spain and Estonia, as well as to all the engineers and consultants, and of course, to our construction partner Ehitustrust. It is only through such a joined effort, where we see participation by a great many individuals, that a new entity can be formed – the Arvo Pärt Centre in Laulasmaa, Estonia.

Finally, I would like to state my thanks to two of the Arvo Pärt Centre's long-standing supporters, Reet and Väino Kaldoja. With your contribution and patience, we have been able to endeavour in many initiatives, including this very publication.

Ühine nimetaja: Arvo Pärdi Keskus ja Nieto Sobejano Arquitectos

Michael Pärt

Varjatud mustrid on meid ümbritseva looduse osa ja need on aegade jooksul mänginud Maa arengus olulist rolli. Kui vaatame orgaanilisi aineid lähemalt, olgu tegemist taimede, loomade või inimeluga, tunneme ära reaalsuse, mis on täis mustreid ja rütme. Mõned neist on ainulaadsed, teised korduvad ja sümmeetrilised. Võib väita, et terves evolutsiooni ajaloos on silmaga näha teatud matemaatilist selgust, mis kehtestab universaalse võrdsuse kõikjal looduses, ainuraksetest organismidest keeruka inimajuni välja.

20. sajandi filosoof ja matemaatik Bertrand Russell uskus, et kui õigesti vaadata, valdab matemaatika mitte ainult tõde, vaid ka ülimat ilu – külma ja ranget. Kas see arusaam peab paika ka äärmuseni – lõpmatuseni – viimisel? Kreeka filosoofile Zenonile Eleast (5. saj eKr) omistatakse absurdini taandamise meetodit (*reductio ad absurdum*) – loogikaprotsessi, mille kaudu lükatakse väide ümber, näidates argumendi absurdsust lõpmatuse kontekstis. Näeme seda tema tuntuimas paradoksis, kus väle Achilleus ei jõua kunagi ette aeglasest kilpkonnast. Kuigi tänapäeva teadus püüab neid aegadetaguseid mõistatusi osaliselt lahendada, annavad need siiski tunnistust ratsionaalse matemaatika piiridest ja näitavad, et inimese katsed lõpmatust mõista on määratud luhtumisele. Kuidas leiaks inimene ilma loogilise lahenduseta väljapääsu lõpmatuse piiratusest?

Võibolla annab vastuse hüpe teoloogilise vaatenurga suunas, kuna Jumala loomuse teisesus toob vastandina lõpmatusele kui pelgalt piiramatule hulgale loova vabaduse värske mõõtme. Sel piiride puudumise kontseptsioonil on loova idee sünni juures oluline osa nii muusikas kui ka arhitektuuris. See on Suure Paugu hetk – aeg ja koht, mil loovimpulss muutub lõputute võimaluste hulgast formuleeritud algideeks.

Kus kohtuvad loodus, teadus ja teoloogia? Puutepunkti leidmiseks võime juhinduda sellest, mida kirjeldas Arvo Pärt 2007. aastal Brücke-preisi auhinda vastu võttes:

Niisiis võimaldab piiride puudumine meil ületada ümbritseva looduse lõpmatuse paradoksaalsed tõkked. Taandamisprotsess laseb meil vaadata inimhinge selle ülimas ilus, mis on kõikehõlmav. Jõuame justkui inimkonna kooseksisteerimise seemneni. Saabume paika, mille järele inimene igatseb ja mis on lähtekohaks sisemisele kasvamisele. Ühtlasi on see paljude distsipliinide loomuliku kooseksisteerimise alguspunkt. Ükskõik, kas läbime selleks füüsilise või metafüüsilise dimensiooni, oleme leidnud ühise nimetaja.

Tänusõnad

Tahaksin esile tõsta meie peaarhitekte Fuensanta Nietot ja Enrique Sobejanot, kellele soovin koos oma vanemate Arvo ja Nora Pärdi ja keskuse meeskonnaga avaldada imetlust ja tänu loovusest pakatava koostöö eest, milles ei tehtud järeleandmisi kunstis. Tõsi, ei puudunud tagasilöögid ja pisaradki, kuid ometi olid loovad lahendused alati käeulatuses.

Avaldaksin meie ühist tunnustust ka laiemale arhitektide ringile nii Hispaanias kui Eestis, samuti inseneridele ja konsultantidele – ja muidugi mõista meie ehitajatele – Ehitustrustile. Vaid sellise ühise pingutusega, milles osalesid paljud inimesed, sai sündida Arvo Pärdi Keskus Laulasmaal.

Lõpetuseks soovin tänada Arvo Pärdi Keskuse pikaajalisemaid toetajaid, Reet ja Väino Kaldoja. Teie panuse ja kannatlikkuse abil on meil võimalik olnud lõpule viia mitmeid algatusi, sealhulgas selle raamatu ilmumine.

Püüame vaadelda inimhinge rastertunnelmikroskoobiga, liikudes kord-korralt järjest võimsama suurenduse suunas. Me oleme tunnistajaks, kuidas kõik inimese välised tunnused koos tema eriliste omadustega, nõrkuste ja voorustega, suurenduse kasvades pildilt kaovad. See on kui lõputu taandamisprotsess, mis juhib meid olulise suunas. Me jätame sel reisil sisemusse selja taha ka kõik ühiskondlikud, kultuurilised, poliitilised ja religioossed kontekstid. Lõpuks jõuame võrgusarnase põhimustrini. Seda võiks ehk nimetada ka inimhinge geomeetriaks: selge ja korrastatud, rahulikult vormitud, üle kõige aga – ilus. Selles sügavuses oleme me kõik üksteisega nii sarnased, et tunneme igaühes ära iseenda.

Index – How to Read this Book

Fuensanta Nieto, Enrique Sobejano and Michael Pärt

Somehow, this book is many books. In fact, there are five books inside this book.

The first one takes the reader on a journey throughout the spaces within the Arvo Pärt Centre. Photographic illustrations start by depicting the arrival to the pine forest landscape in Laulasmaa and then slowly the discovery of the interior spaces within the main building, the chapel and the visual and geometrical pentagonal elements of the tower and inner courtyards.

The second book is a book of words. It contains quotations from Arvo Pärt's musical diaries that have a conceptual relationship to the main content of this publication.

The third book embraces us with score elements depicting fragments of handwritten and printed material related to Arvo Pärt's 'In Principio'. The work is based on the first fourteen psalms of the first chapter in the prologue to the Gospel of John, 'In principio erat Verbum' (In the beginning was the Word). Like many of Pärt's compositions, the musical structure derives from the text in Latin. It is composed of five parts. The first and fifth parts form two contrasting elements: a static, syllabically articulated chord from the choir, and a timbre and tone of an opposing fanfare-like motive from the brass instruments. These pass through all twelve major keys with increasing dynamism as well as diapason symbolising the creation from the Word in the beginning.

The fourth book is an architecture sketch book. It contains a graphical description of the whole project from an architectural view. Plans, sections, elevations, structural schemes of the landscape project, the main building, the tower and the chapel show technical details and proportions of the Arvo Pärt Centre spaces.

Finally, the fifth book provides a deeper view through five essays by Michael Pärt, Fuensanta Nieto and Enrique Sobejano, Kristina Kõrver, Nikita Andrejev and Covadonga Blasco Veganzones. They describe the voyage from five angles – the birth story of the Arvo Pärt Centre, the architecture, the music of Arvo Pärt, the chapel of the Centre and the landscape surrounding it.

In the context of this index, the number five can also be seen as a *common denominator*. Being guided by this inner harmony, five words organise the five previously presented books, mixed and overlapped in one open-ended structure. Rhythm, Harmony, Light, Logos and Silence are the five keywords the reader is invited to follow without constraint for discovering the resonance and symbolic bridge between both the music of Arvo Pärt and the architecture of Fuensanta Nieto and Enrique Sobejano.

At the end of the book the 'Index of Indexes' provides the specific correlative reading of each of the five books.

Sisujuht – kuidas seda raamatut lugeda

Fuensanta Nieto, Enrique Sobejano ja Michael Pärt

See raamat hõlmab endas teatud mõttes mitut raamatut: õigupoolest peitub neid siin viis.

Esimene neist viib lugeja rännakule läbi Arvo Pärdi Keskuse ruumide. Fotoillustratsioonid saavad alguse Laulasmaa mändide vahele jõudmisest. Järk-järgult avanevad põhihoone siseruumid, kabel ning torni ja sisehoovide viisnurkne vorm, seda nii visuaalselt kui geomeetriliselt.

Teine on raamat sõnadest. Sellesse on kogutud Arvo Pärdi muusikapäevikute tsitaadid, mis on seotud ülejäänud väljaande sisuga.

Kolmas raamat hõlmab fragmente Arvo Pärdi „In principio“ käsikirjalisest ja trükitud partituurist. See teos põhineb Johannese evangeeliumi prologi esimesel 14 salmil: „In principio erat Verbum“ („Alguses oli Sõna“). Nagu paljudes Pärdi teostes, nii on ka siin teose muusikaline struktuur tuletatud ladinakeelsest tekstist. Teos koosneb viiest osast. Esimese ja viienda osa muusikalise materjali moodustavad kaks kontrastset elementi: staatiline, süllaabiliselt artikuleeritud a-mollis akord koorilt ja sellele tämbriliselt ja tonaalselt vastandlik fanfaarilik motiiv vaskpillidelt, mis läbib osa vältel kõik 12 mažoorhelistikku ning oma kasvamisega nii dünaamikas kui ka ulatuses kujutab Sõnast alguse saanud loomisakti.

Neljas raamat on pühendatud arhitektuurijoonistele. See sisaldab kogu projekti graafilist ülevaadet arhitektuuri vaatenurgast. Maastikuprojekti, põhimaja, torni ja kabeli kavandid, lõiked, vaated ja põhiplaanid näitavad Arvo Pärdi Keskuse tehnilisi detaile ja proportsioone.

Viies raamat pakub sügavamat käsitlust viies essees, autoriteks Michael Pärt, Fuensanta Nieto ja Enrique Sobejano, Kristina Kõrver, Nikita Andrejev ning Covadonga Blasco Veganzones. Nad kirjeldavad teekonda viiest vaatepunktist, käsitledes Arvo Pärdi Keskuse sünnilugu, arhitektuuri, Pärdi muusikat, keskuse kabelit ja ümbritsevat maastikku.

Arvu viis võib näha ka *ühise nimetajana*. Juhitud sisemisest harmooniast, korrastavad viis märksõna raamatu viieosalist ülesehitust, mis kattudes ja segunedes loovad avatud seostega struktuuri. Rütm, harmoonia, valgus, *Logos* ja vaikus on need märksõnad, millest lugeja on kutsutud end juhtida laskma, et avastada resonantsi ja sümboolset silda Arvo Pärdi muusika ning Fuensanta Nieto ja Enrique Sobejano arhitektuuri vahel.

Kogumiku lõpus asuv „indeksite indeks“ annab võtme kõigi viie raamatu vastastikuseks lugemiseks.

To me, composing is like inhaling and exhaling. It is my life.

In principio erat Verbum,
et Verbum erat apud Deum,
et Deus erat Verbum.

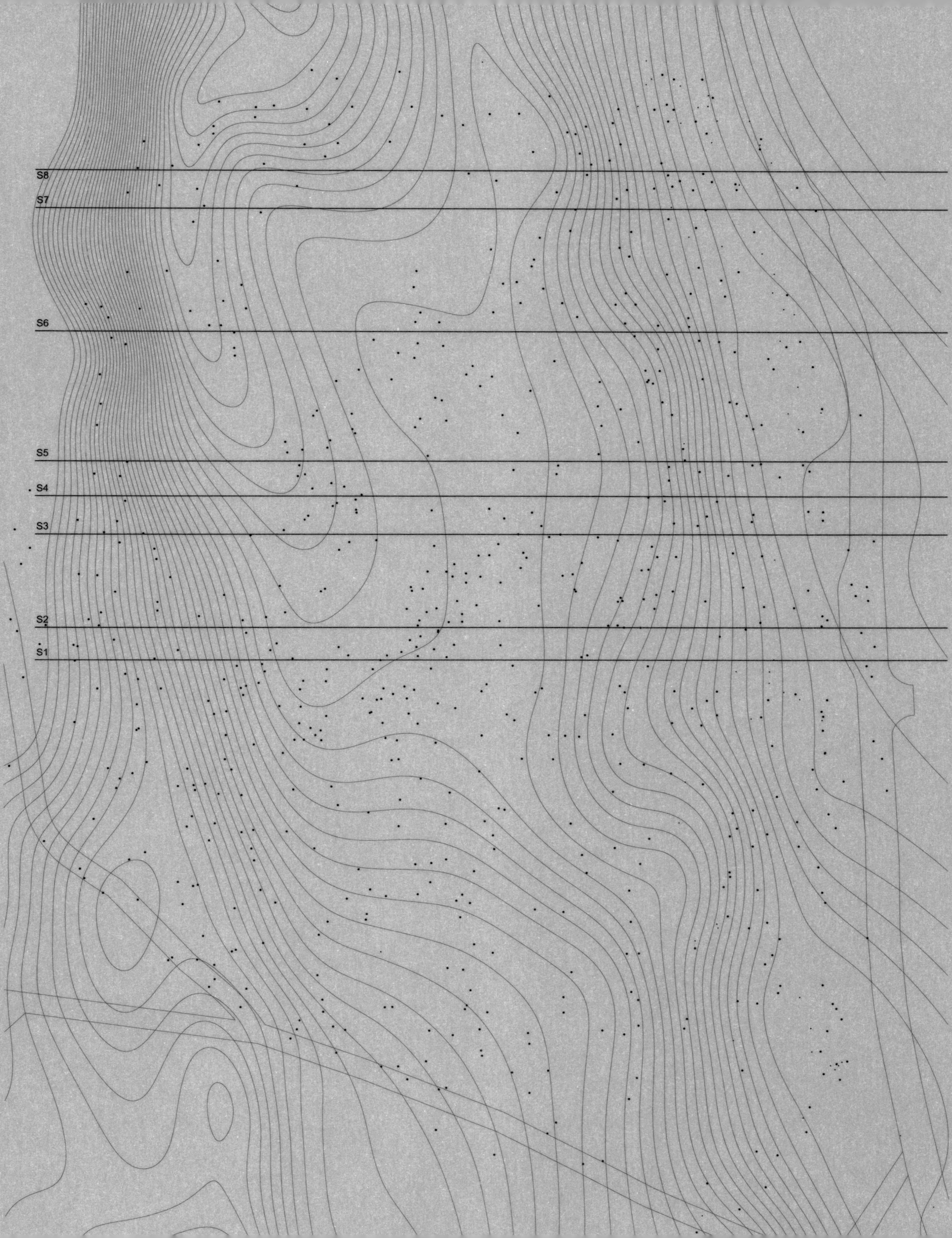
S8
S7
S6
S5
S4
S3
S2
S1

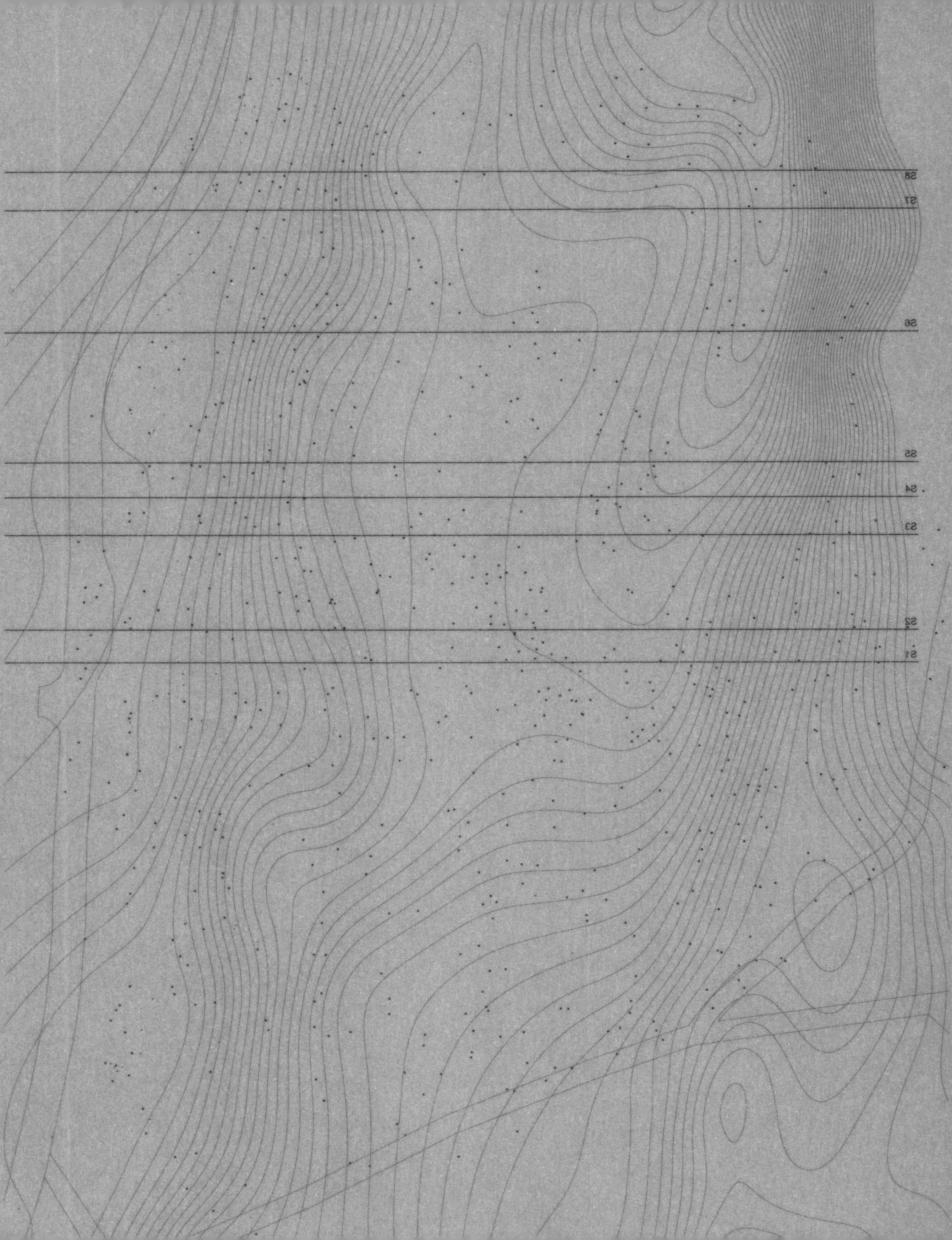
S8
S7
S6
S5
S4
S3
S2
S1

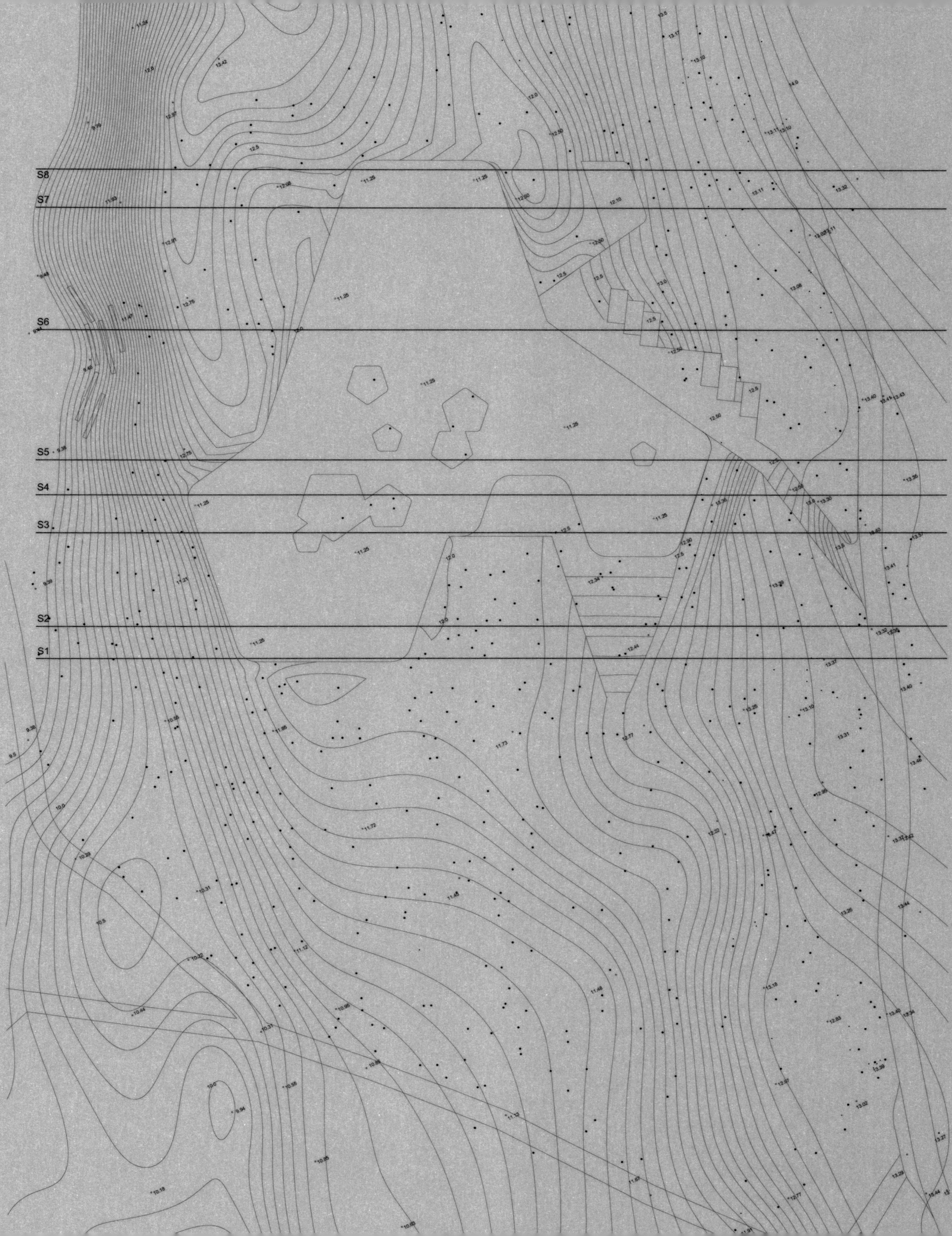
S8
S7
S6
S5
S4
S3
S2
S1

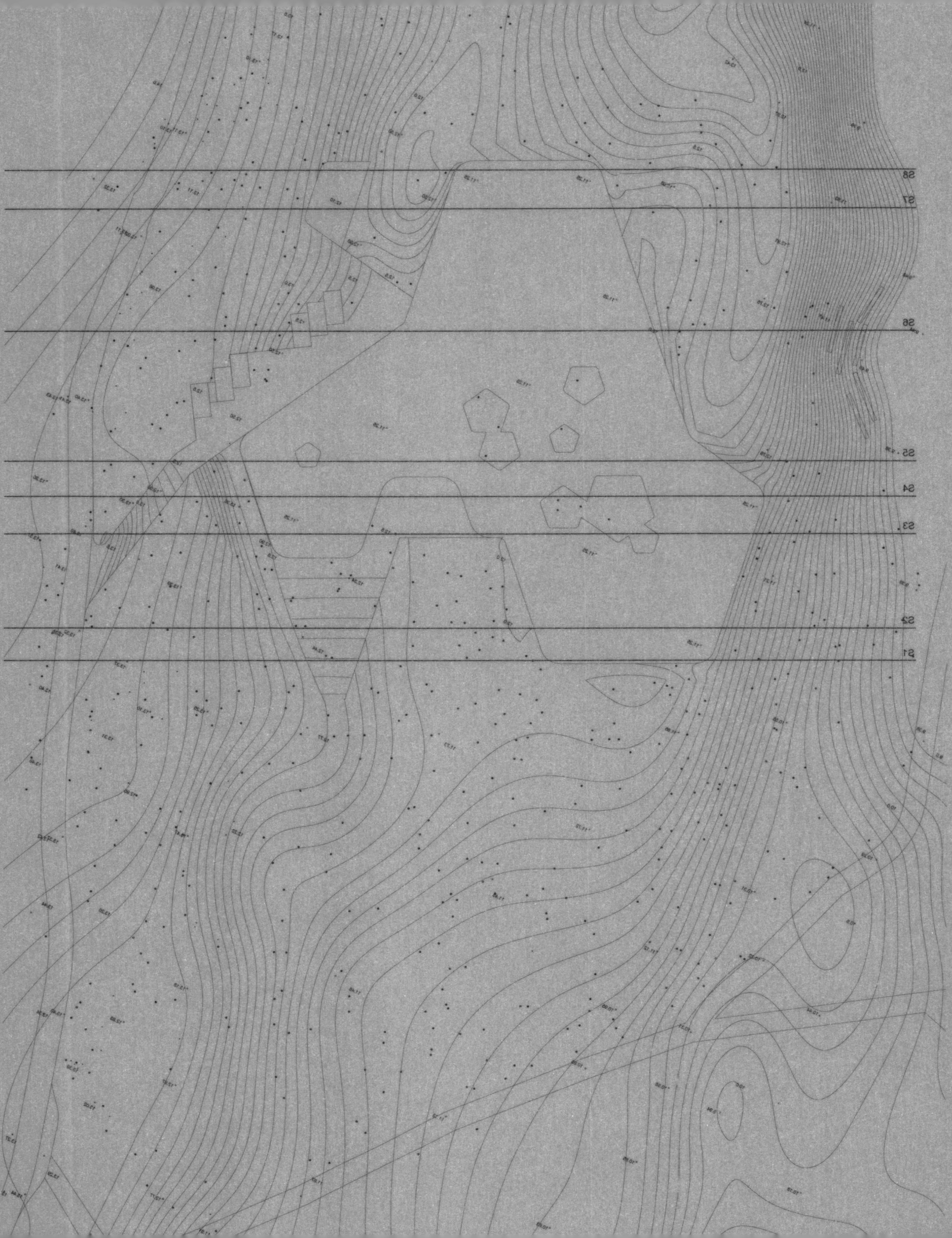

S8
S7
S6
S5
S4
S3
S2
S1

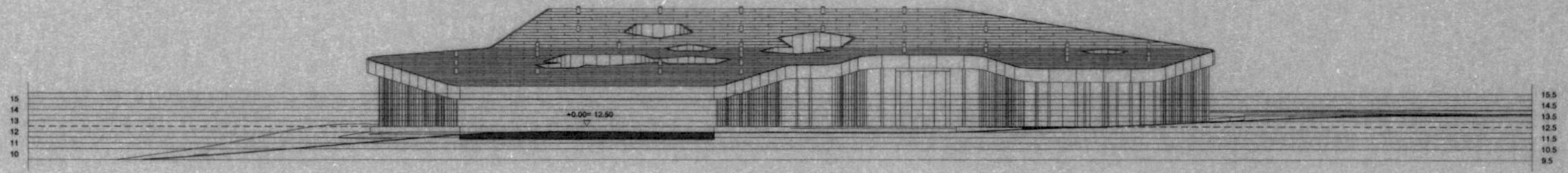

S1

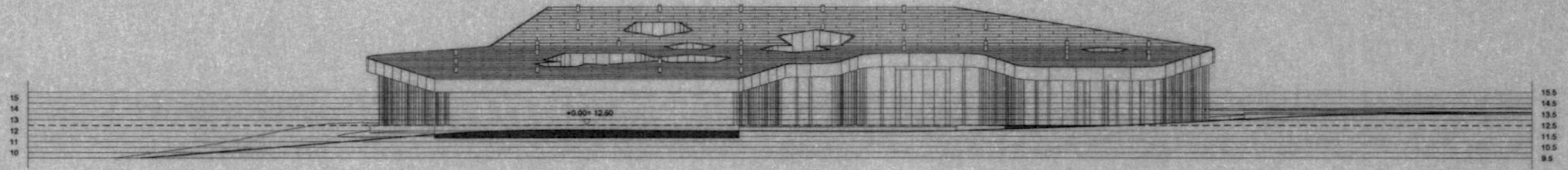

S2

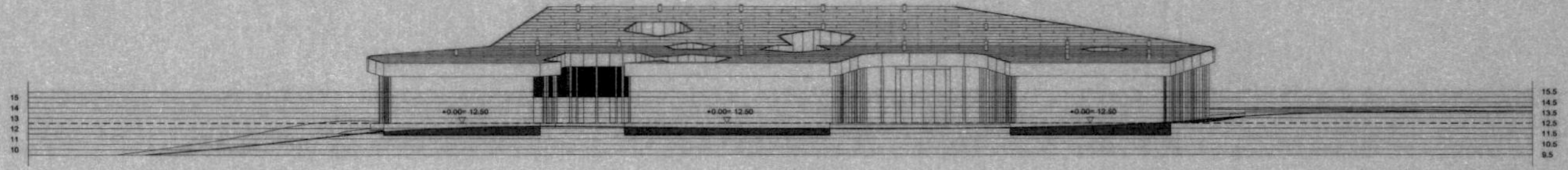

S3

S4

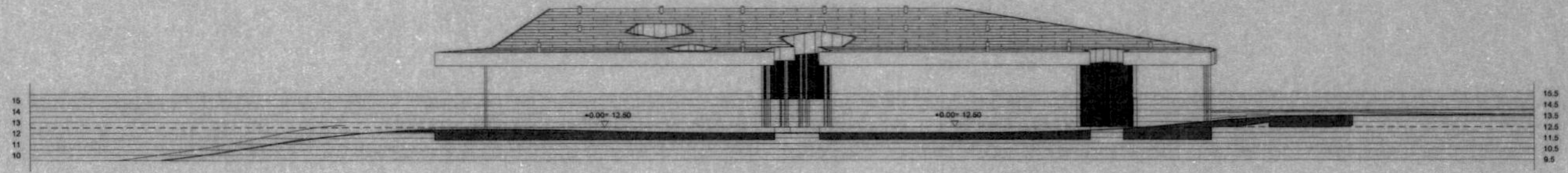

S5

S1

S2

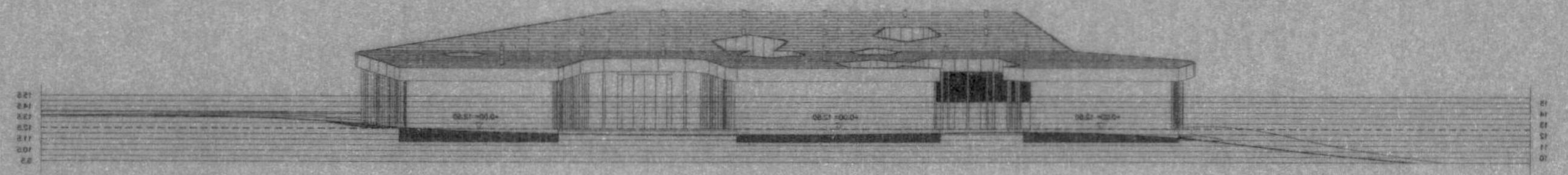

S3

S4

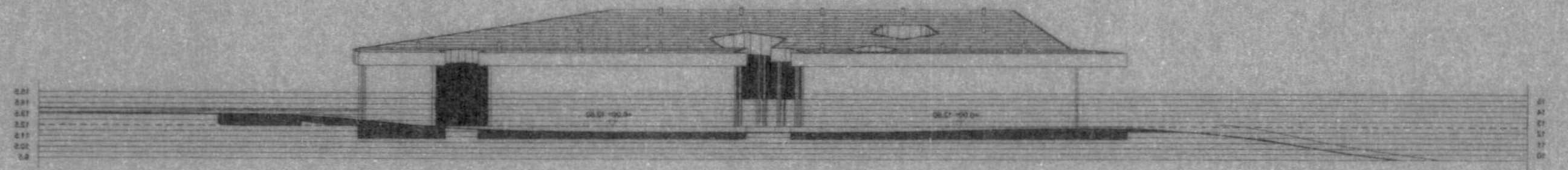

S5

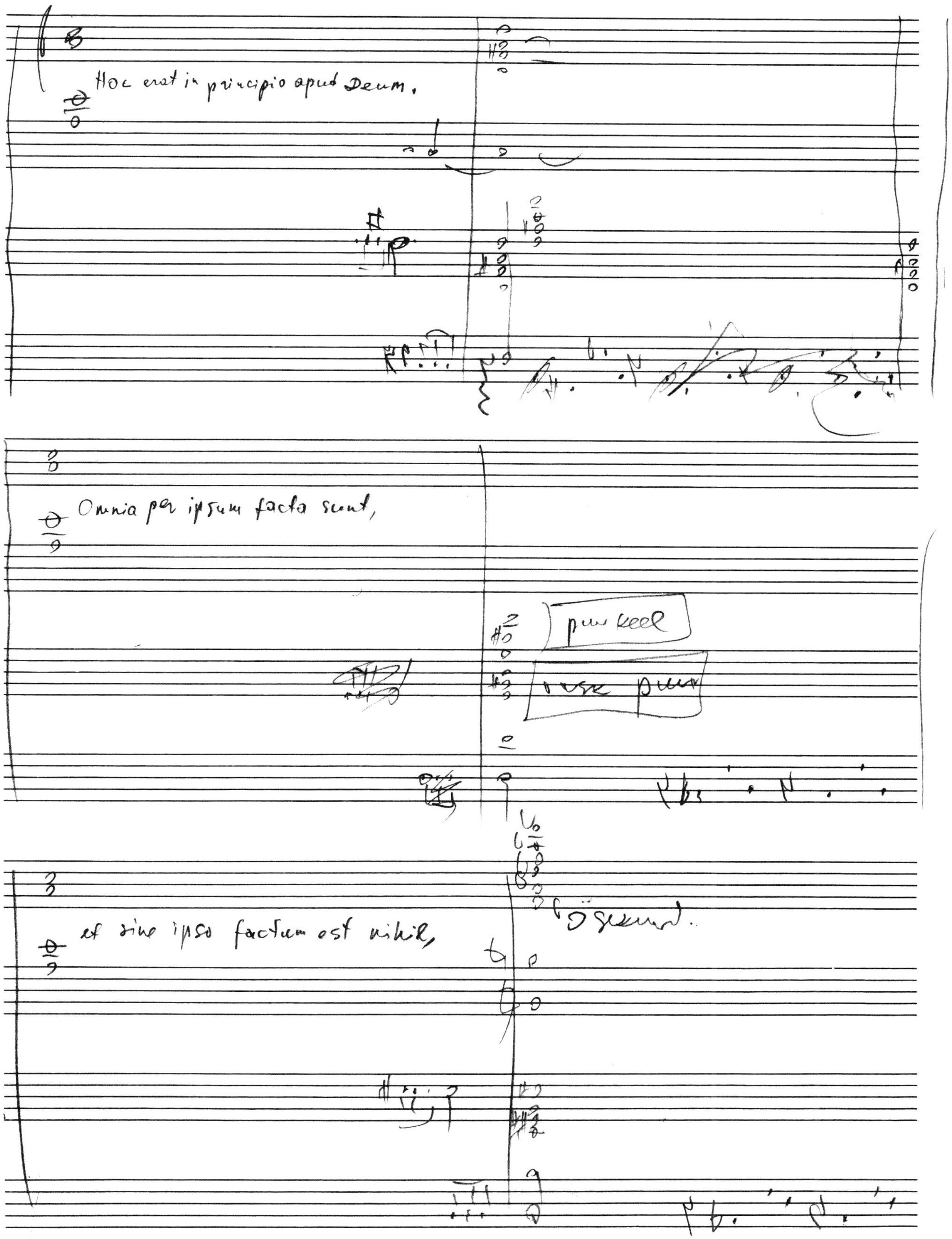
Hoc erat in principio apud Deum.
Omnia per ipsum facta sunt,
et sine ipso factum est nihil,

Muusika kirjutamine on minu jaoks nagu sisse- ja väljahingamine. See on mu elu.

The Birth Story of the Arvo Pärt Centre

Michael Pärt

It must have been around 2002 when my parents and I first touched upon the topic of continuity in relation to my father's legacy. Living in Berlin at the time, they accumulated a growing collection of materials over a period of several decades – from musical diaries, sketches and handwritten manuscripts to photographs, recordings, correspondence and many other types of archival items.

With this ever-growing collection rose their concern – a worry of what should become of it? We soon found ourselves searching for academies and composers' foundations that could facilitate archiving the legacy at hand. Our attention quickly shifted towards the content of our archive – whereas traditionally, the procedure of structuring occurs when a collection is complete, our case needed an approach from the opposite direction. It became apparent that complete and constant access to all materials throughout the process of systemisation was an absolute requirement. The intention was clear: we were looking to create a setting that would allow a collaborative effort together with my parents – to add personal, historical and musical context to the already-existing materials and to record my father's comments and recollections in his native Estonian language.

This is how our family initiative was born. In 2010 the Arvo Pärt Centre foundation was established and all archive materials were brought from Germany to Estonia. The destination was set, as Laulasmaa, 35km west of Tallinn, is the home of my parents. We took a step-by-step approach in planning, and thus, the process of laying the groundwork to systematise our archive commenced. At the same time, we began to reach out to other composers' centres, concert halls and music organisations to give us a wider picture of precedents in these fields that were new to us. In particular, the Arnold Schönberg Centre in Vienna, as well as the Britten Pears Foundation in Aldeburgh, provided many parallels to our own activities. Whilst our initiatives were funded directly by my parents, our team began to grow; encompassing an archivist, musicologists and other members, one by one.

The following year, the Republic of Estonia joined our activities in supporting the preservation of my father's legacy in the form of regular funding. This accelerated the development of our efforts further. The question of how a piece is born, finding its relationship to the companion text to which it is written, the methods of the composition process or from which direction the first impulse of creative inspiration originates were just some of a wider palette of topics that we were now able to dedicate our resources to more intensively. As this time-sensitive journey began, we saw ourselves tune into finer increments of nuances that define some of the core elements of Arvo Pärt's creative fingerprint.

It soon became clear, however, that whilst documenting the deeper context of the compositions is an inexhaustible task and work on the archive would span across many more decades to come, a path of institutionalising both our inwards- and outwards-reaching competencies as well as creating a physical centre, would serve in the best interest of upholding the legacy in the long term. Toomas Hendrik Ilves, the President of the Republic of Estonia at the time, was at the core of the initiative to bring our activities to a wider audience, and thus the political will and the Estonian States' financial commitment was put in place to construct a new building. It would facilitate our archive and all respective activities aimed at the public, from education and research to performance.

It is at this point when our day-to-day activities diverged from archiving efforts into the realms of architecture, planning and construction. In 2013 we announced our architecture competition in collaboration with the Union of Estonian Architects, with the winning proposal awarded to Spanish architects Fuensanta Nieto and Enrique Sobejano from the architecture firm Nieto Sobejano Arquitectos. Inspired by the silence and geometry in Arvo Pärt's music, the architects' design follows a fluid interior that is perceived as one space. Its punctuated pentagonal courtyards allow direct access to light and give the architecture its distinctive geometrical characteristic. Altogether, the planning, bidding and construction of the building spanned a four-year period.

13 October 2018 marked the completion of the circle and the closure of a particular chapter: the Arvo Pärt Centre opened to the public and became the new symbolic home for the composer's creative legacy. The archive in its entirety exists in one place, and together with the Centre's activities, it is to live as an institution to bridge generations, culture and religion.

And yet, every completion leads to the beginning of something new, and so begins the next chapter…

Arvo Pärdi Keskuse sünnilugu

Michael Pärt

See pidi olema 2002. aasta paiku, kui hakkasime vanematega esimest korda rääkima isa loomepärandi säilitamisest. Elades siis veel Berliinis, oli vanematel aastakümnete jooksul kogunenud hulk materjali, mida pidevalt juurde tekkis – alates muusikapäevikutest, visanditest ja käsikirjadest kuni fotode, salvestuste, kirjavahetuse ja muu arhiivimaterjalini.

Üha kasvava materjalihulgaga kaasnes ka mure – mis sellest kõigest saama peaks? Peatselt leidsime end otsimas akadeemiaid ja heliloojate fonde, mis aitaksid olemasolevat pärandit arhiveerida. Varsti nihkus meie tähelepanu arhiivi sisule – kui tavaliselt saab korrastamine alguse siis, kui kollektsioon on täielik, pidime meie lähenema teisest suunast. Mõistsime, et süstematiseerimise vaieldamatuks eeltingimuseks on täielik ja pidev juurdepääs arhiivile kogu protsessi vältel. Nüüd oli meie kavatsus selge: luua keskkond, mis võimaldaks koostöist pingutust minu vanemate osalusel – lisada isiklikku, ajaloolist ja muusikalist tausta juba olemasolevatele materjalidele ning jäädvustada isa kommentaarid ja mälestused tema emakeeles.

Nii sündiski meie perekondlik algatus. 2010. aastal asutasime Sihtasutuse Arvo Pärdi Keskus ja tõime kõik arhiivimaterjalid Saksamaalt Eestisse. Sihtkohaks sai Laulasmaa, minu vanemate uus kodu. Tööd planeerisime samm-sammult ja kõigepealt tegime algust arhiivi süstematiseerimisega. Samal ajal võtsime ühendust teiste heliloojate keskuste, kontserdisaalide ja muusikaasutustega, et saada parem ettekujutus, mida selles meie jaoks uues valdkonnas enne tehtud on. Ühisjooni meie enda tegevustega leidsime Arnold Schönbergi Keskusest Viinis ja Britten Pearsi Fondist Aldeburghis. Samal ajal, kui meie algatust rahastasid veel minu vanemad ise, hakkas meie meeskond kasvama: ükshaaval lisandusid arhivaar, muusikateadlased ja teised töötajad.

Järgmisel aastal pani ettevõtmisele õla alla Eesti riik, hakates mu isa pärandi säilitamist regulaarse rahastusega toetama. See kiirendas meie töö kulgu veelgi. Nüüd saime muude teemade kõrval enam pühenduda küsimusele, kust pärineb algne loominguimpulss, kuidas sünnib teos, mil viisil suhestub see tekstiga, millele ta loodud on, ning kompositsioonimeetoditele. Kui see ajakriitiline teekond juba alanud oli, saime keskenduda nüanssidele, mis mängivad niivõrd olulist osa Arvo Pärdi loomingus.

Sellele vaatamata sai peatselt selgeks, et heliteoste sügavama konteksti kaardistamine on ammendamatu tegevus ja et töö arhiiviga võib väldata aastakümneid. Mõistsime, et meie pädevuse asutuseks vormimine ning füüsilise keskuse loomine teeniksid pärandi pikaajalise säilimise eesmärki kõige paremini. Tollane vabariigi president Toomas Hendrik Ilves juhtis püüdlust viia meie tegevus laiema publikuni. Tekkis poliitiline tahe ja leiti riigipoolne rahaline toetus, et ehitada keskusele uus hoone, mis mahutaks arhiivi ning võimaldaks pakkuda avalikkusele suunatud tegevusi, alates haridus- ja uurimisprogrammidest ja lõpetades kontsertidega.

Sellest hetkest lisandus igapäevasele arhiiviga seotud tegevusele kõik see, mis seondub arhitektuuri, projekteerimise ja ehitusega. 2013. aastal kuulutasime koostöös Eesti Arhitektide Liiduga välja arhitektuurivõistluse, mille võitjaiks tulid Hispaania arhitektid Fuensanta Nieto ja Enrique Sobejano (Nieto Sobejano Arquitectos). Arvo Pärdi muusika vaikusest ja geomeetriast innustatuna järgib arhitektide lahendus sujuvate üleminekutega ühtse siseruumi põhimõtet. Viisnurksed sisehoovid, mille kaudu pääseb sisse valgus, annavad hoonele omapärase geomeetrilise iseloomu. Kokku kestis projekteerimine, hangete läbiviimine ja ehitus neli aastat.

13. oktoobril 2018 sai ring täis ning üks peatükk jõudis lõpule: Arvo Pärdi Keskus sai helilooja loomepärandi uueks koduks ning avas oma uksed külastajatele. Kogu arhiiv asub nüüd ühes kohas ning toetatuna keskuse teistest tegevustest elab see edasi sillana põlvkondade, kultuuride ja usundite vahel.

Samas tähendab iga lõpp millegi uue algust ja nii saabki alata uus peatükk ...

Two simultaneous contradictory forces –
movement in stillness.

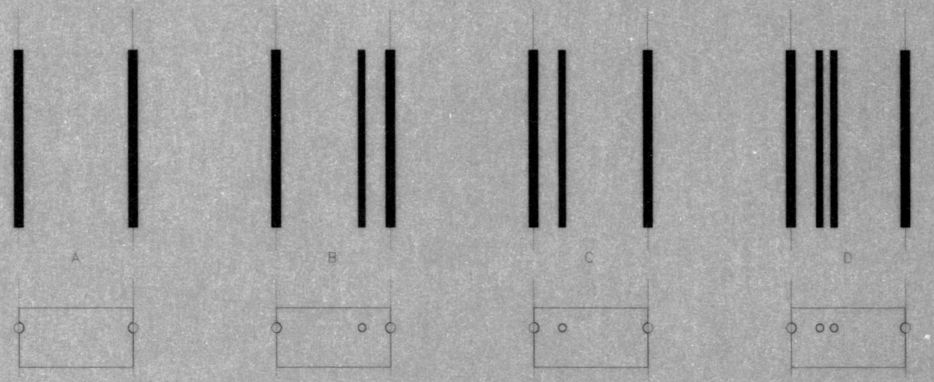
A
B
C
D

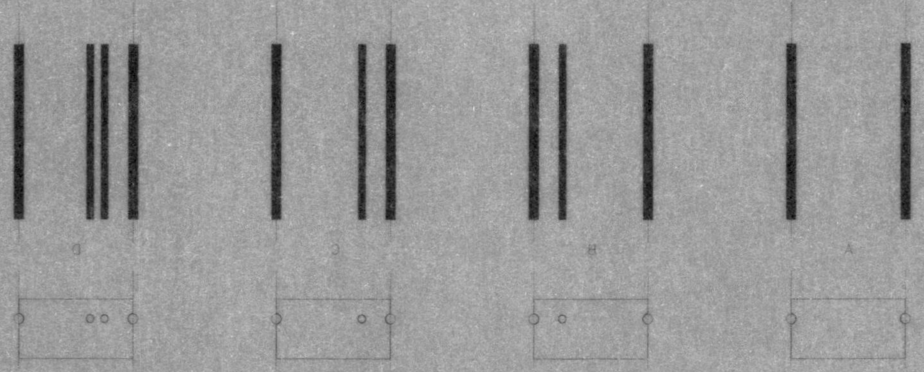

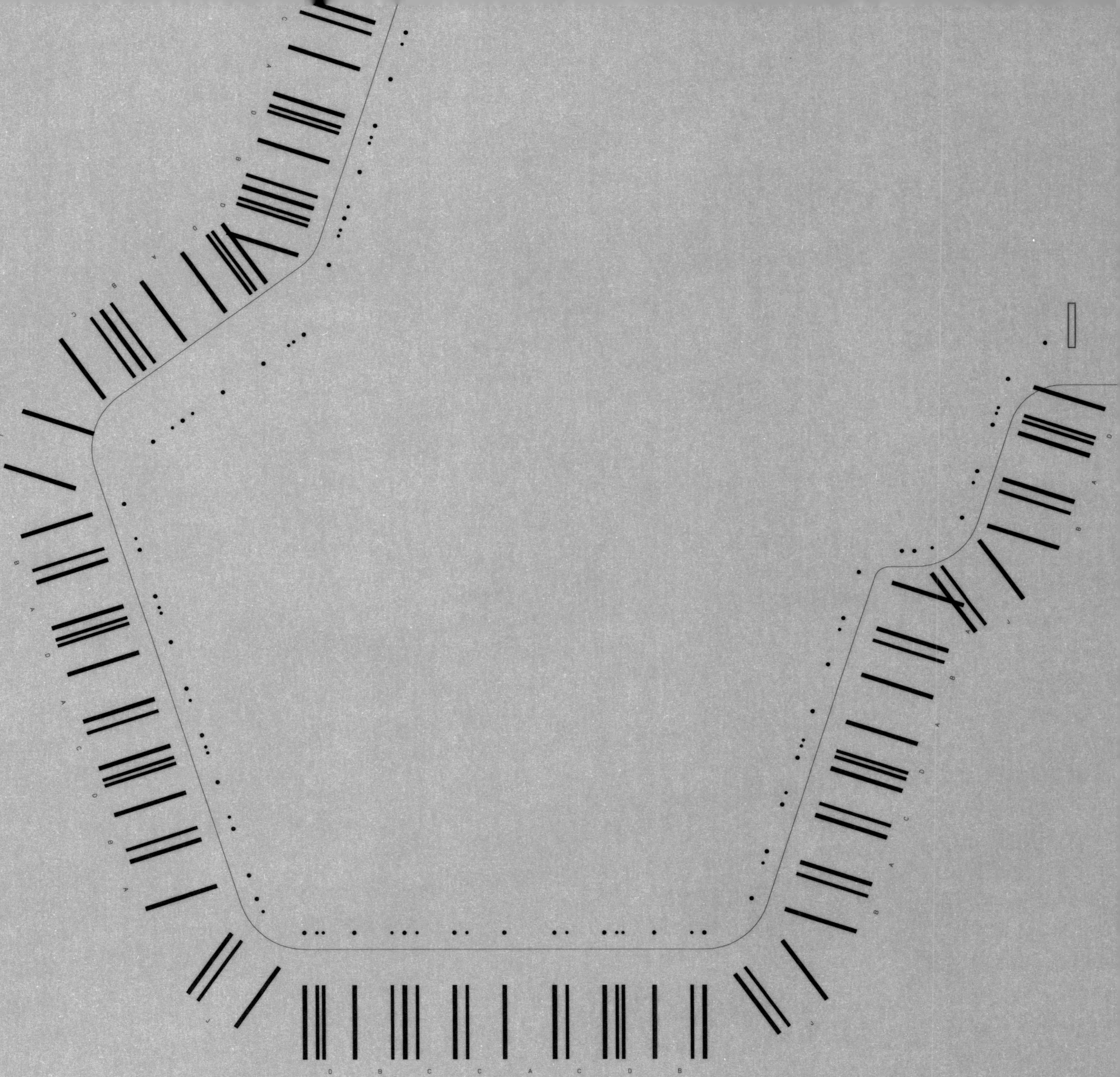
D B C C A C D B

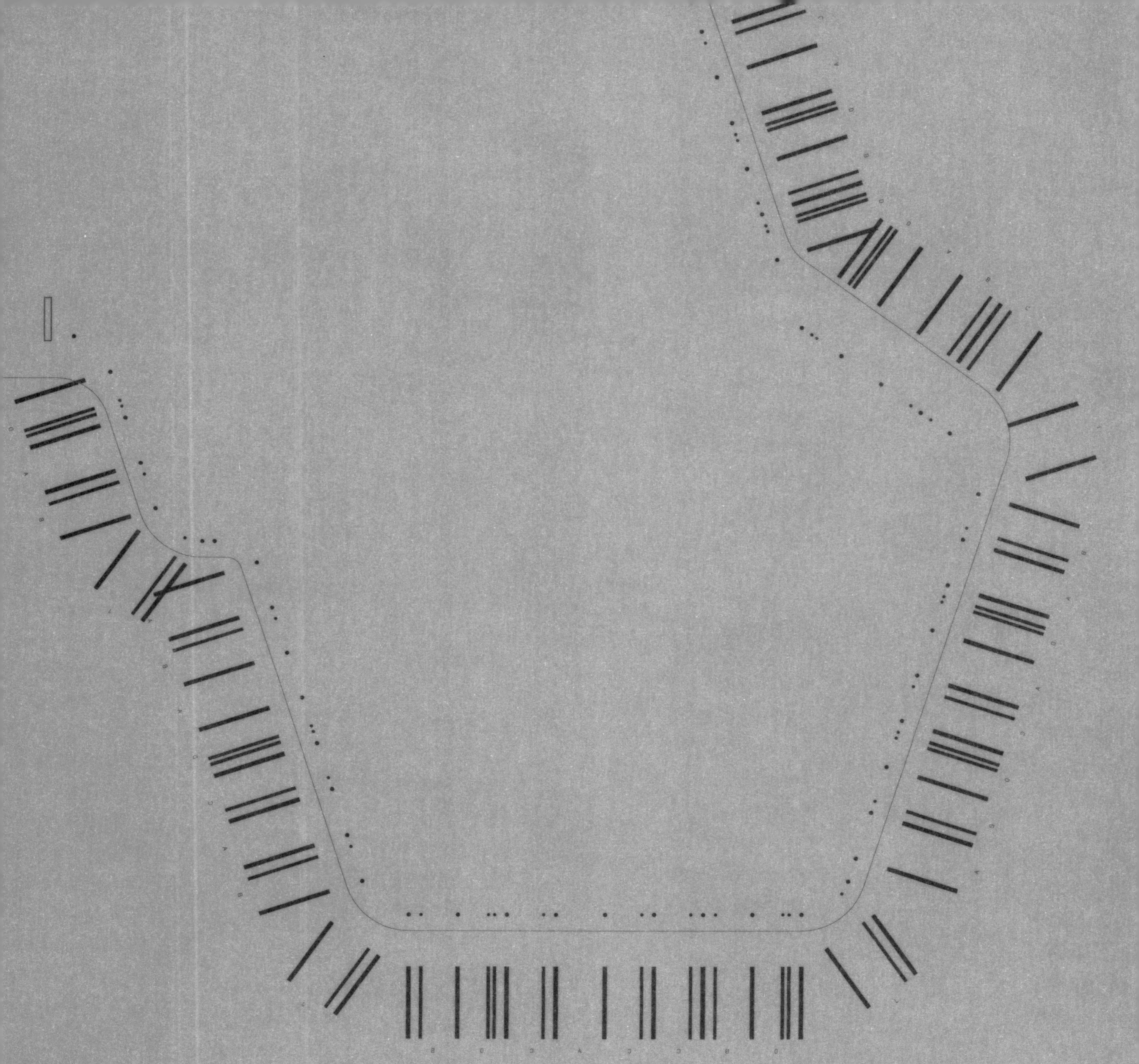

Tuba

Ühel ajal kaks vastandlikku jõudu –
liikumine liikumatuses.

Architecture: Sound Turned Space

Fuensanta Nieto, Enrique Sobejano

When listening to the music of Arvo Pärt we often have the strange feeling of being immersed in a deep and continuous architectural space, a path in which silence, rhythm and harmony are terms that not only describe the structure of a musical composition but also the intimate perception of an imagined space. We are aware, however, that the direct translation of music into architecture is a futile task, as would be to pretend, for example, that a building literally represented a symphony or that the drawings of a project were equivalent to the notations of a score. The building of the Arvo Pärt Centre arose, rather, as a personal and subjective interpretation of the relationships between the dense landscape of pine trees of the Estonian forest and a cyclic and geometric masterpiece such as 'Tabula Rasa', whose beginning and end merge in the silence.

Arvo Pärt refers to his own work with these words: 'Silence, to the composer, is like a clean canvas to a painter, or blank white paper to a poet. *Tabula rasa*.'[1]

1
Tom Huizenga, 'The Silence And Awe of Arvo Pärt'. – NPR Music, 2 June 2014.

But architecture, unlike painting, literature or music, never begins with a blank paper. The void prior to the construction of a space is always affected by some initial factor: a place, a topography, a need, a memory or simply the inevitable awareness of the force of gravity. In this original difference between both arts lies perhaps the difficulty of its translation. The silence prior to the sound of which Pärt speaks and the void that precedes architecture, however, coincide in the intangible link that relates time to space. Time is usually considered the principle element that structures musical composition in the same way that architecture can be defined as the art of conceiving space. But it is not less true that we also perceive architecture as a temporal sequence or music in its spatial dimension. If Walter Benjamin thought of architecture as 'past turned space' (raumgewordene Vergangenheit), we perceive Pärt's work as 'sound turned space'.

Located in a landscape of breathtaking beauty in the midst of a dense forest of tall pines, in the Arvo Pärt Centre architecture, nature and music meet a common denominator in geometry. A sequence of pentagonal voids, which evoke biological structures present in leaves and flowers – or musical staves – unfolds into multiple variations forming courtyards of different sizes under a large zinc roof. The floorplan of the building recalls some of Pärt's compositions: while one voice traces the melody (a long and sinuous interior wall of oak wood) the other advances in progressions of chords that, like a combinatorial mechanism, suggest a series of multiple reflections (the glazed courtyards). The project then resembles a set of mirrors where each space is the echo of another, like a frame that contains a picture inside another and so on, just as it happens when you listen to 'Tabula Rasa' ('Silentium') or 'Spiegel im Spiegel', whose title refers in itself to the reflection of its compositional structure. Pärt interweaves sounds in the same way that architecture links some spaces in others. The architecture becomes an unforeseen reflection of our own mind: unexpected associations of ideas hidden in our memory that in an instant become nitid and evident. Unconsciously, we are immersed in a disturbing illusion: the musical work already concealed an architectural space and our task is reduced to imagining how to decipher the rules that the composer spatially suggests to us.

Listening to 'Tabula Rasa' ('Silentium') seems to us like walking through a deep inner space, clear and resonant, which over the course of time – 15:57 minutes – evolves into surprising forking paths. A cadence of ascending scales repeats periodically, suggesting unexpected lines of flight, perhaps reflected images of other rooms beyond our view. Slowly we feel that we are climbing up what resembles a long, smooth, helical ramp. Gently one gets surrounded by a space without edges, embedded in a forest, slightly distorted, without beginning or end. The structure that supports it dissolves into a sequence of lighter elements. The bifurcations become increasingly distant from each other. Paradoxically, we are climbing a space which also seems to descend, slowly, but also extends in the landscape. Are we ascending a tower? Or walking through a limitless horizontal space that is intimately connected to the ground? As in the stories by Jorge Luis Borges, where a labyrinth, a library or a garden become a metaphor for infinite possible combinations, the tower seems to house all the towers we have ever envisioned. Also, as in a labyrinth, an imagined space suggests multiple different routes. The higher we ascend the tower, the deeper we feel connected to the landscape, in an architecture that struggles to overcome gravity and at the same time anchors itself in the ground, in the depths of the earth.

The sound of 'Tabula Rasa' conceals a space of multiple reflections: compressed but endless; blurring but bright; overwhelming but luminous; step by step diluting into a deep long silence. The intense spatial dimension of Arvo Pärt's masterpiece ends up revealing a strange unexpected paradox: the composer was the one who conceived the architectural space, we, the architects, only tried to capture in a fleeting vision how sound turned into space.

Arhitektuur: ruumiks saanud heli

Fuensanta Nieto,
Enrique Sobejano

Arvo Pärdi muusikat kuulates tekib tihti kummaline sügavasse, katkematusse arhitektuursesse ruumi neeldumise tunne, nagu astuks rajale, kus mõisted *vaikus*, *rütm* ja *harmoonia* ei kirjelda mitte ainult muusikateose struktuuri, vaid ka äärmiselt isiklikku taju kujuteldavast ruumist. Teame, et püüd muusikat otse arhitektuuri tõlkida on sama võimatu kui väita, et mõni hoone kujutab endast sõna otseses mõttes sümfooniat või et arhitektuursed joonised on üle kantavad noodikirja. Arvo Pärdi Keskuse hoone sündis pigem tiheda männimetsaga kaetud Eesti maastiku ning vaikusest algava ja vaikusega lõppeva tsüklilis-geomeetrilise meistriteose „Tabula rasa" suhte äärmiselt isiklikust tõlgendusest.

Arvo Pärt ise on oma teost kirjeldanud nii: „Helilooja jaoks on vaikus nagu maalikunstnikule puhas lõuend või poeedile puhas valge paberileht. *Tabula rasa*."[1]

Ent erinevalt maalist, kirjandusest või muusikast ei alga arhitektuur kunagi puhtalt lehelt. Ruumi loomisele eelnevat tühjust mõjutavad alati mingid eeltingimused: koht, selle topograafia, ülesanne, mälestused või ka lihtsalt vältimatu teadlikkus gravitatsioonijõust. Selles kahe kunsti olemuslikus erinevuses ehk seisnebki tõlkimise keerukus. Ent helile eelnev vaikus, millest Pärt räägib, puutub arhitektuurile eelneva tühjusega kokku aja ja ruumi tabamatus seoses. Aega peetakse enamasti muusikateost struktureerivaks printsiibiks samal moel, nagu arhitektuuri määratletakse ruumi korraldava kunstina. Ent on tõsi, et me tajume ka arhitektuuris ajalist järgnevust ja muusikas ruumimõõdet. Walter Benjamin mõtles arhitektuurist kui ruumiks saanud minevikust (*raumgewordene Vergangenheit*), Pärdi teostes võime aga näha ruumiks saanud heli.

Vapustavalt kaunis maastikus, kesk kõrget männimetsa paiknevas Arvo Pärdi Keskuses kohtuvad arhitektuur, loodus ja muusika kõigi kolme ühisosas – geomeetrias. Lehtedes ja õites esinevate bioloogiliste struktuuridega sarnanevate viisnurksete tühikute jada hargneb massiivse tsinkplekist katuse all varieeruva kuju ja suurusega sisehoovideks. Arv viis viitab ka noodijoonestikule.

Hoone põhiplaan meenutab mõnda Pärdi teost, kus üks hääl kujundab meloodiat (pikk lainjas tammepuust sein), teine aga liigub akordidena, mis – otsekui kombinatoorne mehhanism – loob mitmekordseid peegeldusi (klaasseintega sisehoovid).

Seega näib hoone peegelsüsteemina, kus iga ruum peegeldab teist, olles kui maal, mis kujutab pilti, mis kujutab pilti ja nõnda edasi. Sama tunne tekib ka kuulates „Tabula rasat" („Silentiumi") või teost „Peegel peeglis", mille pealkirigi viitab peegeldustele teose kompositsioonis.

Pärt põimib helisid kokku samal moel nagu arhitektuur ruume. Arhitektuurist saab ootamatult mõttemaailma peegeldus: järsku löövad särama ja paistavad välja mälusügavusse vajunud ideede rabavad seosed. Oleme alateadlikult haaratud hämmastavasse illusiooni, arhitektuursesse ruumi peidetud muusikateosesse, kus meie ülesanne taandub katsele dešifreerida reeglid, millele helilooja ruumiliselt viitab.

1
Tom Huizenga. The Silence and Awe of Arvo Pärt. – NPR Music, 2. VI 2014.

„Tabula rasa" („Silentiumi") kuulamine on otsekui jalutuskäik selges, kõlavas ja sügavas sisekosmoses, mis aja – 15 minuti ja 57 sekundi – jooksul areneb üllatavalt hargnevaid radu. Perioodiliselt korduv tõusvate heliridade järgnevus pakub ootamatuid väljapääse – võimalik, et peegelpilte teistest ruumidest, milleni meie pilk ei küündi. Tasapisi hakkame tundma, et rühime üles mööda pikka spiraali. Metsa rüpes ümbritseb meid hellalt ilma servadeta, ilma alguse ja lõputa veidi nihkes ruum. Seda kandev struktuur pihustub kergemate elementide jadaks. Hargnemised toimuvad üksteisest üha kaugemal. Me tõuseme ülespoole ruumis, mis näib paradoksaalsel moel ühtlasi nii aegamööda laskuvat kui ka maastikus laienevat. Kas me ronime torni? Või liigume läbi ääretu horisontaalse, maapinnaga lähedalt seotud ruumi? Selles tornis näivad peituvat kõik tornid, mida iial oleme kujutlenud – nagu Jorge Luis Borgese juttudes, kus labürindist, raamatukogust või aiast saab lõputute võimalike kombinatsioonide metafoor. Samuti nagu labürindis pakub see imaginaarne ruum välja hulga erinevaid liikumisteid. Arhitektuur püüab ületada gravitatsiooni, haakides end samas pinnasesse ja sügavale maasse. Mida kõrgemale tornis tõusta, seda sügavamat sidet maastikuga tunneme.

„Tabula rasa" helides peitub mitmekordselt peegelduv ruum: kokkusurutud, kuid lõputu; laialivalguv, kuid ere; hingemattev, kuid valgusküllane. Samm-sammult hajub see sügavasse, kestvasse vaikusse. Arvo Pärdi meistriteose intensiivne ruumimõõde toob viimaks esile kummalise, ootamatu paradoksi: just helilooja kavandas arhitektuurse ruumi ning meie, arhitektid, püüdsime vaid seda heli muutumist ruumiks põgusas nägemuses tabada.

STEINWAY & SONS

Every link in the chain must breathe.
To love all links equally:
that is music.

1 ♩≈ 92 ca.

I In principio erat Verbum

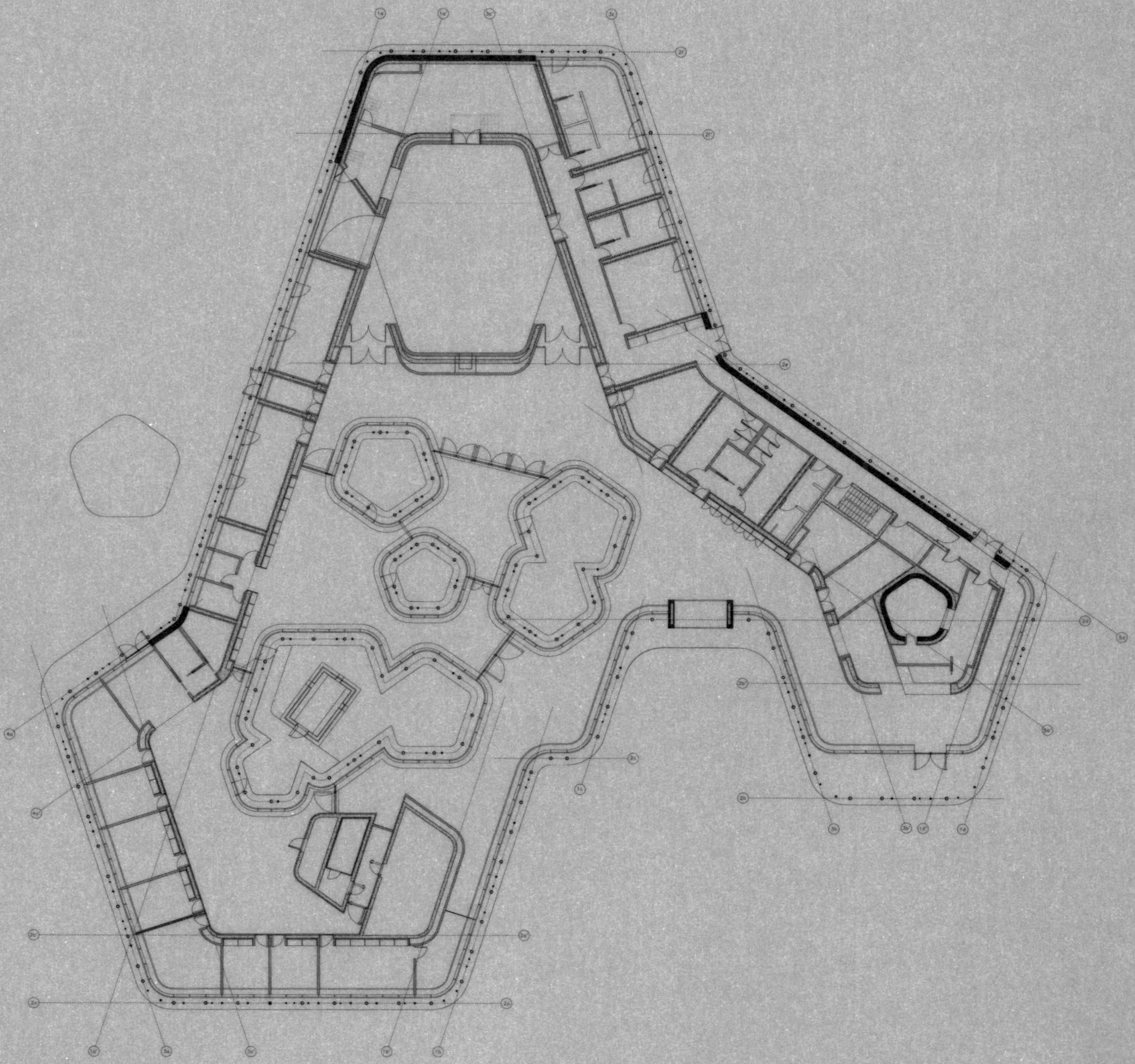

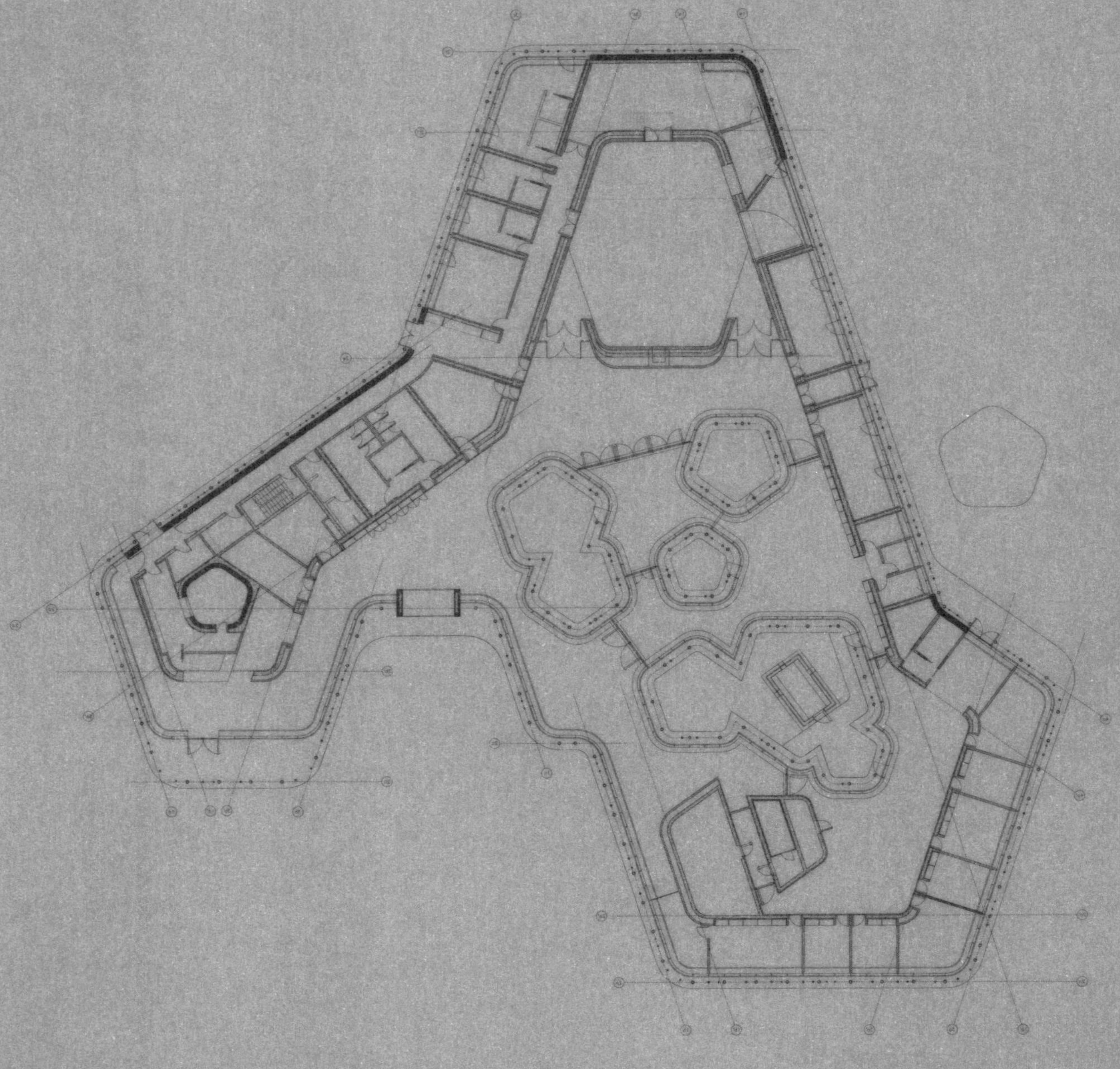

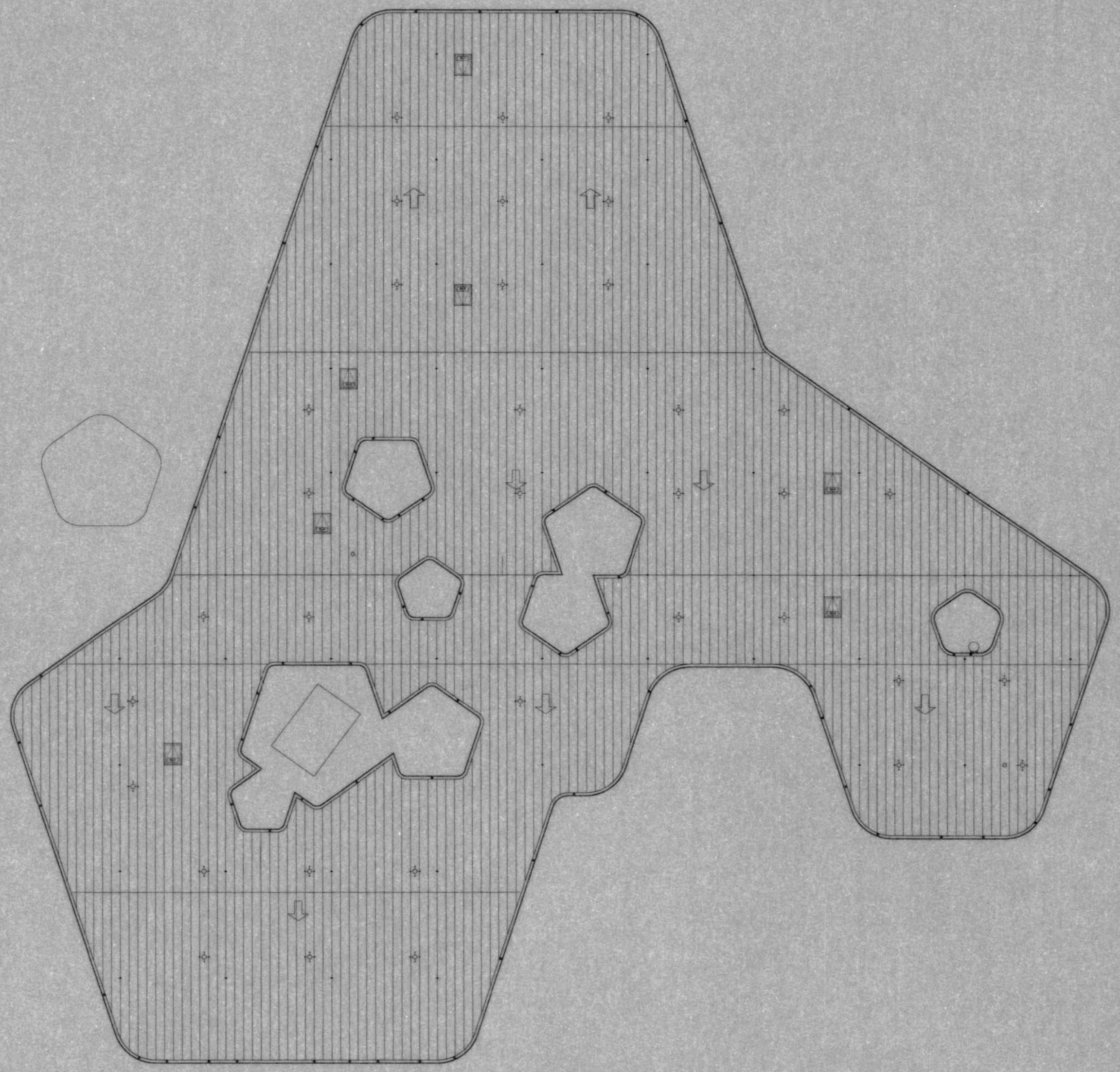

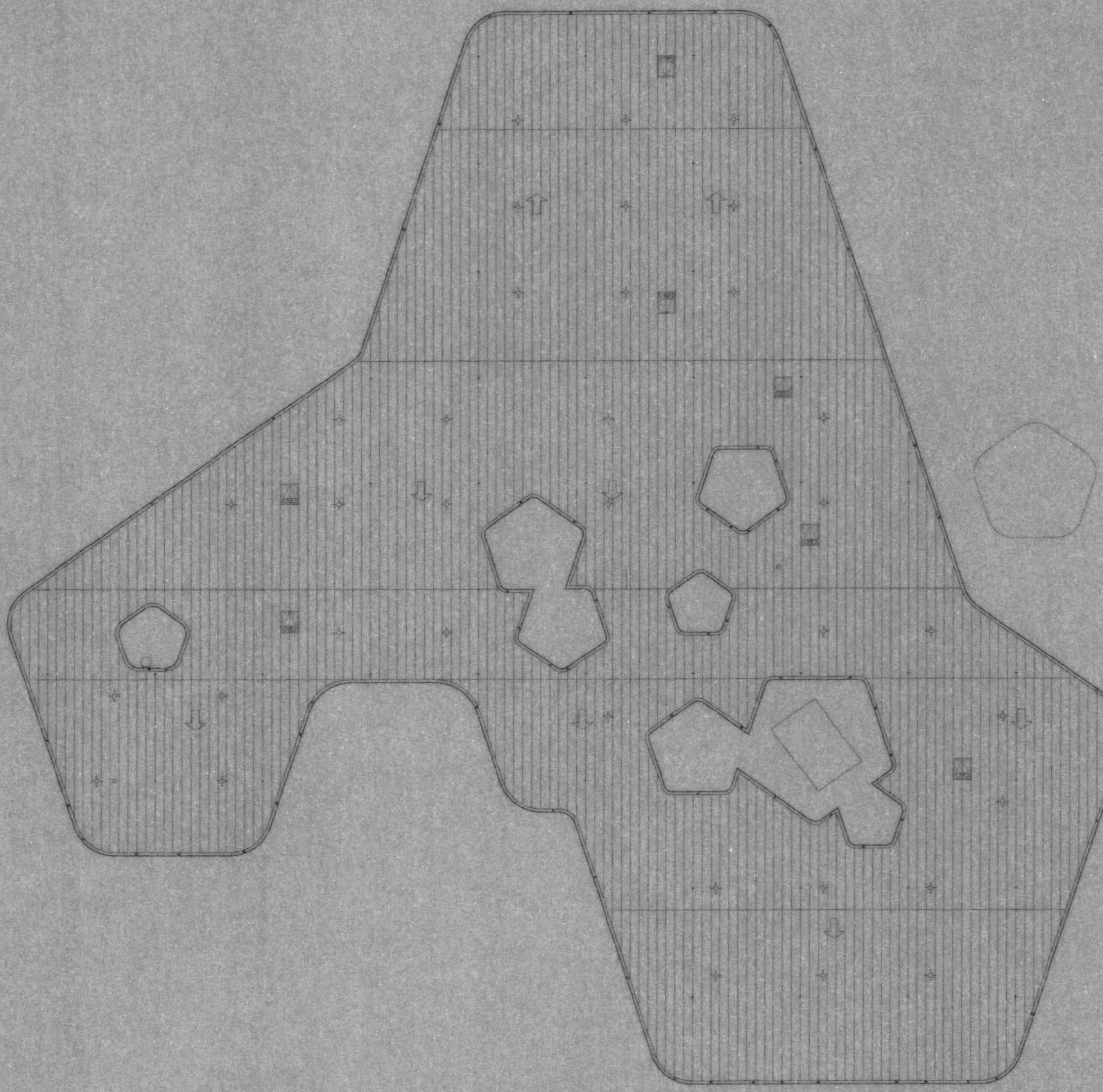

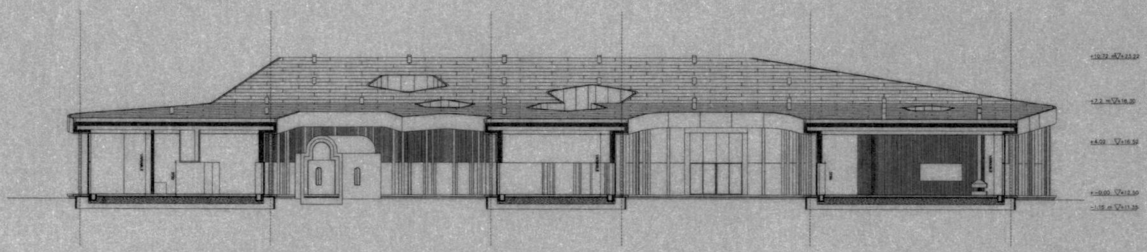

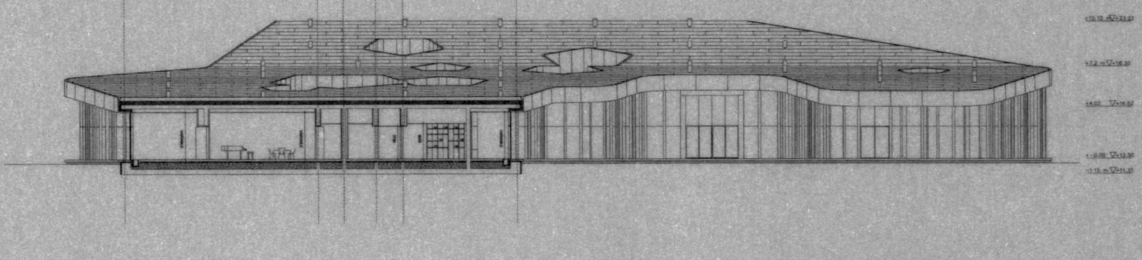

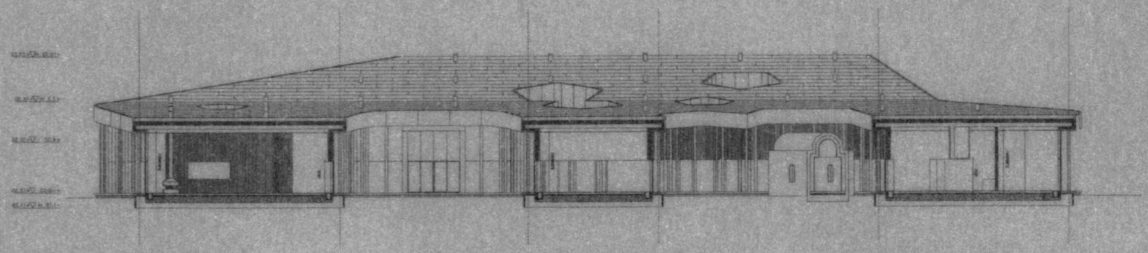

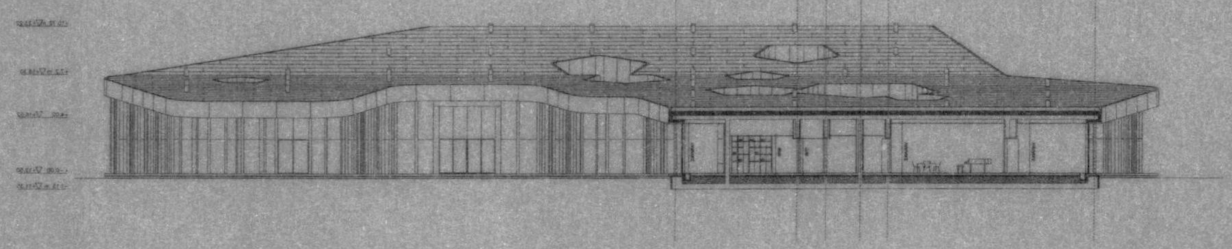

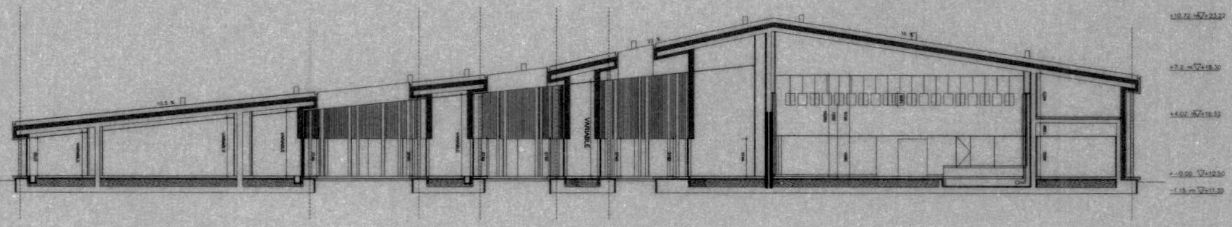

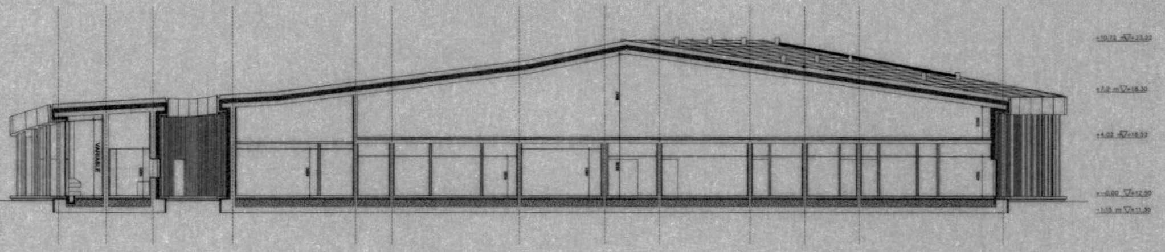

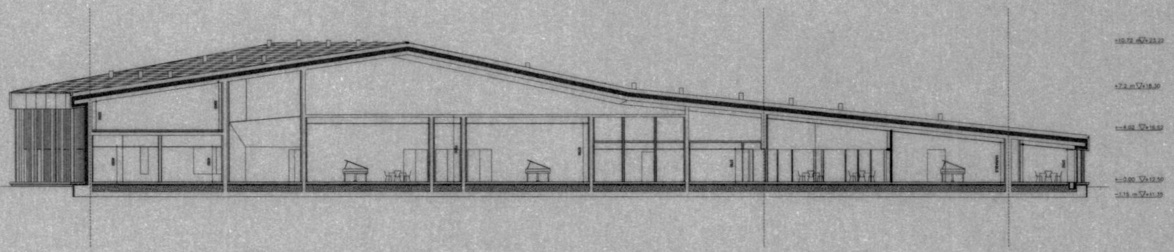

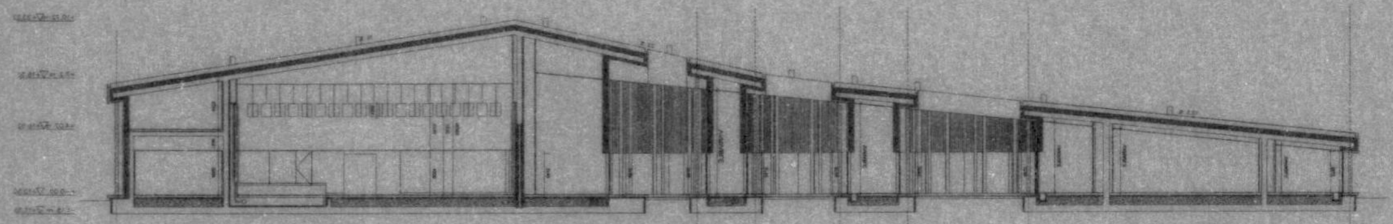

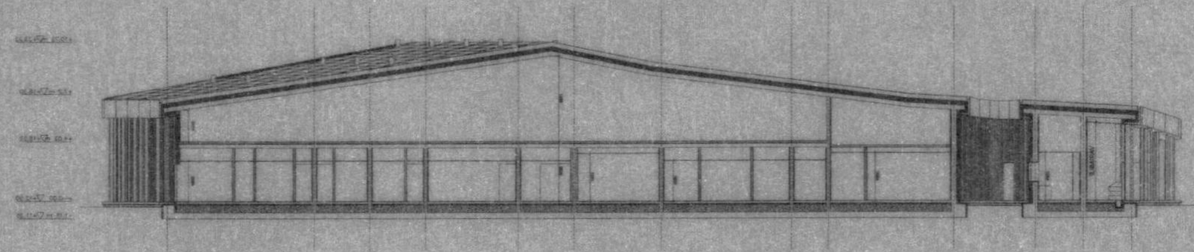

für Tõnu Kaljuste

In principio

für Chor (SATB) und Orchester (2003)

Arvo Pärt
(* 1935)

I. In principio erat Verbum (Jo. 1, 1–5)

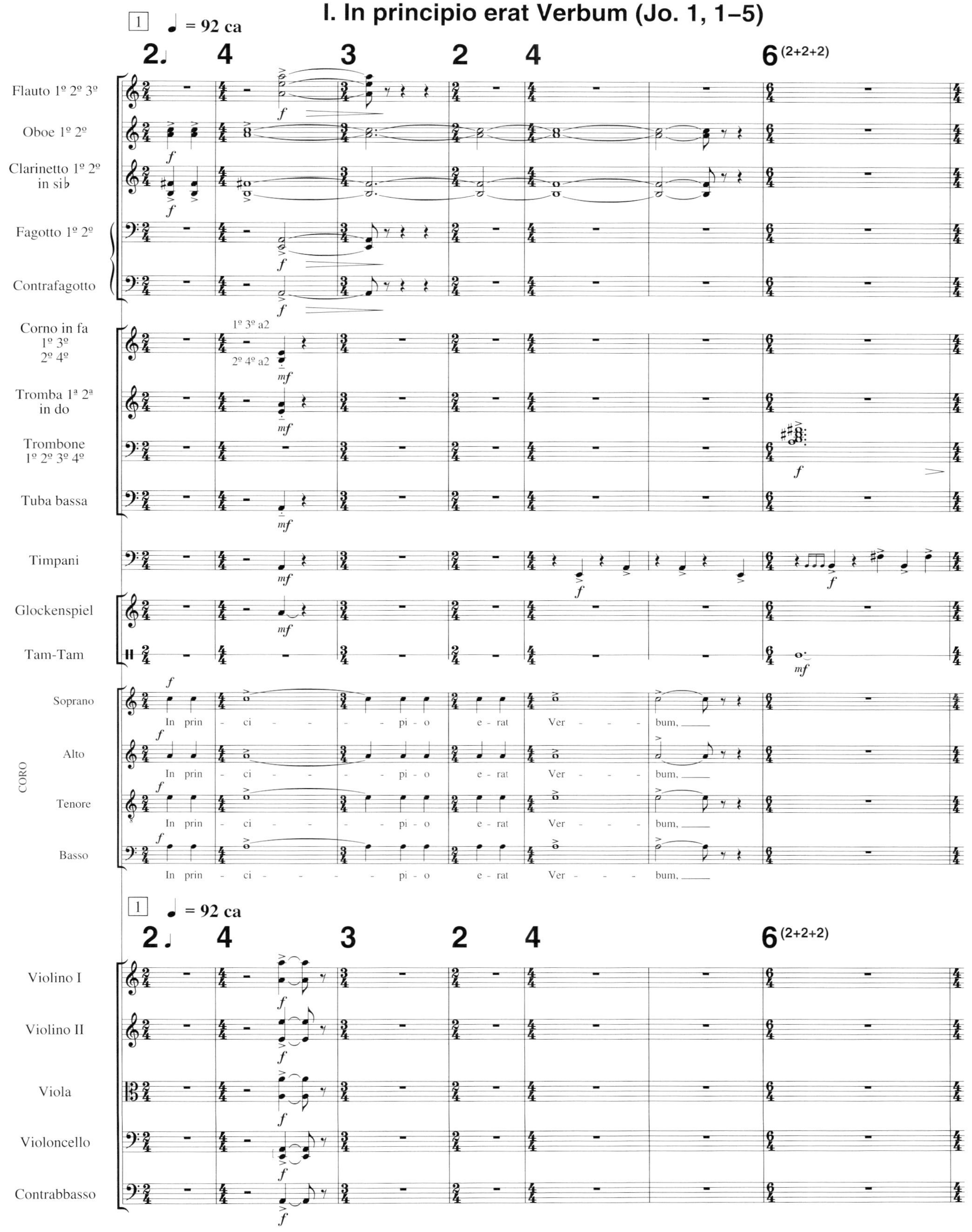

Universal Edition UE 32 832, UE 32 656
Korr. XI / 2003

Iga lüli peab hingama.
Armastada kõiki lülisid võrdselt –
see ongi muusika.

ESTONIA

The Home for Silence and Music

Kristina Kõrver

The Arvo Pärt Centre is a building that bears the name of the composer and contains his personal archive. It houses his manuscripts and other documents related to his work. In a more general sense, it is home to all of Pärt's music and his entire way of thinking. Nevertheless, the activities of the Centre are not limited to the study and interpretation of Arvo Pärt's work, but include a wider range of themes connected with music and art history, theology and the other humanities. As with Pärt's music, the Centre can be seen as an open gateway which guides the visitor towards ever more important topics and deeper sources.

Pärt's long creative path covers the latter half of the twentieth century and the beginning of this century, spanning more than six decades. Inspired by different periods, styles, texts and mindsets, it can be considered as one of the most remarkable portraits summarising the music history of our times.

Pärt's work from the early nineteen-sixties participates in the greater share of the modernist music discourse of the past century, reflecting both its vigour (in the avant-garde compositional techniques) and its crises (in its turning towards early music). Pärt's personal crisis, lasting from the late nineteen-sixties to the mid-nineteen-seventies, wasn't connected to the so-called fatigue with modernism that is characteristic of many of Pärt's contemporaries, but was existential in essence. It was triggered by a deeply personal need for spiritual rebirth which led him, by way of intense searching, to new ideals in life and in music.

During this period, Pärt joined the Orthodox Church, and his whole work has since been connected, at times openly and at times more covertly, to the two-thousand-year-old Christian tradition, drawing from the deep spring of both the Eastern and the Western Church. The teaching of the Church, the sacred texts, and the perspective on life emanating from them have found original expression in the new musical language which was born in 1976 and christened *tintinnabuli* by Pärt. This 'child', carrying this beautiful name, inherits its most important traits from its two 'parents': the essence of its sound is rooted in the early music and art of the Catholic Church; but the reasoning behind the *tintinnabuli* technique, the idea of how single elements relate to the whole, was formed in the spiritual atmosphere of the Orthodox Church. These two sources in the work of Arvo Pärt merge into a single harmonious whole and this unifying love has led the composer towards his unique individual world of sound and to the recognition of the message hidden therein.

Tintinnabuli – this fine-ringing Latin word refers to little bells, that is, to something pure and gentle, something which is most clearly heard in silence. These very ideals – silence, purity, but also laconicism and order – are what Pärt is striving for in his work. To hear and get an experience of his 'own sound', the composer himself had to turn to silence and get rid of everything superfluous. Arvo Pärt has said: 'If we want to get to the core of a musical piece, we cannot avoid reduction. We have to throw away all of the ballast – different periods, styles, forms, orchestration, harmony, polyphony – and in such a way to reach to one voice. Only there are we face to face with either truth or a lie.'[1]

Over the course of this radical journey, Pärt discovered the true essence of sound, its strength. The communicative power of the language he created as a result is founded on the interrelationship between two voices (two sounds). In the clarified sound-space of *tintinnabuli,* every sound or pause, even the smallest, will deserve all of our attention, and through this experience we come to understand the composer's sensibility towards what is expressed in his words: 'every sound is like a jewel' and 'every blade of grass has the status of a flower.'

The music of Arvo Pärt is closely connected to the word – both through the texts underlying the compositions as well as in its link to the sacred Word in its deepest sense. A large part of the *tintinnabuli* works is based on the Scripture and the prayers from the Western and Eastern Church traditions. But sacred writings are not only the carriers of the message in Pärt's work; often they are the foundation for the entire musical edifice. From the grammar of the sacred texts (syllables, accents, punctuation) grows the structure of the piece (melody, rhythm, form, and so forth).

Arvo Pärt has said: 'Sacred texts are independent of us and are waiting for us: every person comes to these texts in their own time. This meeting will occur when the texts are no longer considered as literature or art, but as a reference point or a model.'[2]

In the library of the Arvo Pärt Centre, alongside the musical scores, records and books on music and art, there is a large selection of theological literature. Much comes from the composer's home library and is mostly connected to Orthodox Christian spirituality. The selection reflects the composer's reading interests and comprises important texts that inspired him in the nineteen-seventies, just before he came to the *tintinnabuli* style. These are mostly the writings of early Christian theologians and Desert Fathers that have nourished many composers and artists, and indeed a large part of European culture throughout the centuries. There are also the teachings of later Orthodox saints, most notably those of St Silouan the Athonite and St Sophrony the Athonite. By reading and becoming acquainted with these texts, one can more closely approach the core of Pärt's music layer by layer, and thus penetrate the fount that serves as the basis for all of his work as well as for his attitude towards life.

1
Merike Vaitmaa, 'Arvo Pärt'. – Helju Tauk (ed.), *Kuus Eesti tänase muusika loojat.* Tallinn, Eesti Raamat, 1970, p. 59. (Quote edited by Arvo Pärt in 2019)

2
Enzo Restagno,'Vestlused Arvo Pärdiga'. – Enzo Restagno (ed.), *Arvo Pärt peeglis. Vestlused, esseed ja artiklid.* Tallinn, Eesti Entsüklopeediakirjastus, 2004, p. 84.

It is generally known that Arvo Pärt does not like to talk about his music using words, saying: 'The sound is my word.' Nevertheless, the inward-directed word and an intense inner dialogue play a highly important part in Pärt's creative process – and are tightly interwoven with the sound. This is proven by the hundreds of sketches and musical diaries that are kept in the Centre's archive. Pärt began keeping musical diaries during his deep creative crisis in the beginning of the seventies and continues to this day. On these thousands of pages, Pärt has recorded the development of his works, starting with his very first ideas. Beside the rough musical sketches, he has also jotted down everyday reflections on life and death, time and eternity, man and God, love, music writing and much more. In between the lines of notes, one can find passages from the Scriptures and other books that are important for the composer, as well as prayers. These texts and reflections form a rich context around the music, one that offers us a rare insight into Pärt's work.

Arvo Pärt's sound is indeed like a language formed of sounds – both deeply personal and at the same time universally communicative. Therefore, his music has often been credited with the ability to connect audiences of different backgrounds and interests, and the composer himself has been called a bridge builder between past and present, East and West, and especially between people.

Arvo Pärt: 'In my music, I have not set out before me the task of talking about some religious or specifically Orthodox Christian values. I try to speak in my music about things that concern every human being. The substance of music is in fact supra-denominational.'[3]

In the words of Nora Pärt, the composer's wife, his life, work and entire spiritual and musical world revolve around one central axis: love and the dream that people love one another. The listeners of Arvo Pärt's music often say that they feel loved and cared for in his music. The same could go for the building dedicated to his music.

For this reason, from the beginning, the construction of the Arvo Pärt Centre was guided by the idea that the building should connect people and be an open space of meeting where everyone would feel welcome. The principal mission of the Centre is to collect and care for the composer's creative legacy and to share with visitors its fruits: music, knowledge and experiences. However, it is just as important for the Centre to sow new creative seeds, to inspire and to become a fertile ground for the birth of new ideas. To be a place that invites people to concentrate, to hear and to listen. To be the home for silence and music.

3
Arvo Pärt, handwritten draft for the interview with William Robin, 'His Music, Entwined With His Faith', *The New York Times*, 16 May 2014. – Arvo Pärt Centre (APK 7-6.73_02).

Vaikuse ja muusika kodu

Kristina Kõrver

Arvo Pärdi keskus on maja, mis kannab helilooja nime ning peidab endas tema isikuarhiivi. See on koduks tema käsikirjadele ja teistele loominguga seotud dokumentidele, aga laiemas mõttes kogu Pärdi muusikale ja mõttemaailmale. Ometi ei piirdu keskuse tegevus ainult Arvo Pärdi loomingu uurimise ja mõtestamisega, vaid püüab haarata muusika- ja kunstiajaloo, teoloogia ja teiste humanitaarteaduste laiemat teemaderingi, mis on heliloojat ja tema muusikat toitnud. Nii võiks kujutleda, et sarnaselt Arvo Pärdi muusikaga on ka keskus otsekui avatud värav, mis juhatab siseneja märksa olulisemate teemade ja sügavamate allikateni.

Arvo Pärdi pikk loometee hõlmab 20. sajandi teist poolt ja käesoleva sajandi algust – kokku rohkem kui kuut aastakümmet. Seda teekonda, mis on saanud inspiratsiooni väga erinevatest ajastutest ja stiilidest, tekstidest ja mõtteviisidest, võiks vaadelda kui meie aja muusikaloo üht tähelepanuväärsemat koondportreed.

Pärdi kuuekümnendate aastate looming haarab endasse suure osa möödunud sajandi modernistliku muusika diskursusest, peegeldades nii selle elujõudu (avangardsed kompositsioonitehnikad) kui ka kriise (pöördumine vanamuusika poole). Arvo Pärdi enda loominguline kriis 1960. aastate lõpust 1970. aastate keskpaigani ei olnud aga seotud pelgalt nn modernismiväsimusega, mis painas ka paljusid tema põlvkonnakaaslasi, vaid oli oma olemuselt eksistentsiaalne. See oli tingitud sügavalt isiklikust vajadusest vaimse ümbersünni järele, mis viis intensiivsete otsingute kaudu uute ideaalideni elus ja muusikas.

Neil aastail sai Arvo Pärdist õigeusu kiriku liige ning sellest alates on kogu tema looming, vahel otse, vahel veidi varjatumalt seotud kahe tuhande aasta vanuse kristliku traditsiooniga, ammutades ühtviisi nii ida- kui läänekiriku sügavast allikast. Kiriku õpetus, pühad tekstid ja sellest lähtuv elutunnetus on leidnud isikupärase muusikalise väljenduse tema 1976. aastal sündinud uues helikeeles, millele Arvo Pärt andis nime *tintinnabuli*. Sellel ilusa nimega lapsel on aga tõepoolest otsekui kaks vanemat, kellelt ta on pärinud oma tähtsaimad iseloomujooned: tema heliline olemus on juurtega katoliku kiriku varases muusika- ja kunstiloos, kuid *tintinnabuli* kui tehnika lahtimõtestamine, idee üksikelementide suhtest tervikusse on kujunenud õigeusu kiriku vaimses mõjusfääris. Need kaks allikat on Arvo Pärdi loomingus sulanud üheks harmooniliseks tervikuks ning see ühendav armastus viis helilooja oma individuaalse kõlamaailma ja selles peituva sõnumi äratundmiseni.

Tintinnabuli – see helisev ladinakeelne sõna viitab kellukestele ehk millelegi puhtale ja õrnale, mida kõige selgemini kuuleme vaikuses. Just need ideaalid – vaikus, puhtus, aga ka lakoonilisus ja korrastatus – on need, mille poole Pärt oma loomingus püüdleb. Oma heli kuulmiseks ja kogemiseks tuli ka heliloojal endal vaikusesse pöörduda ning vabaneda kõigest üleliigsest. Arvo Pärt on öelnud: „Kui tahame jõuda muusikateose tuumani, ei pääse me mööda taandamisest, tuleb ära visata kogu ballast: ajastud, stiilid, vormid, orkestratsioonid, harmoonia, polüfoonia ja nii jõuda kuni ühehäälsuseni. Seal alles oleme silm silma vastu kas siis tõe või valega.“[1]

Sellel radikaalsel teekonnal taasavastas Pärt heli tõelise olemuse, tema jõu, ning lõi muusikalise keele, mille kommunikatiivsus põhineb vaid kahe hääle (kahe heli) omavahelisel suhtel. *Tintinnabuli*-teoste selginenud kõlaruumis pälvib väiksemgi heli või paus kogu meie tähelepanu ning selle kogemuse kaudu jõuame lähemale helilooja sõnadele ja tunnetusele, et „iga heli on nagu kalliskivi“ ning „igal rohuliblel on lille staatus“.

Arvo Pärdi muusika on lähedalt seotud sõnaga – seda nii teoste aluseks olevate tekstide kaudu kui ka püha Sõnaga sügavamas tähenduses. Suur osa *tintinnabuli*-teoseid põhineb pühakirjal ja palvetel nii lääne- kui idakiriku traditsioonist. Kuid pühad tekstid ei ole Pärdi loomingus mitte ainult sõnumi kandja, vaid sageli ka kogu muusikalise ehitise vundament, mille grammatikast (silbid, sõnarõhud, kirjavahemärgid) kasvab välja muusikateose struktuur (meloodia, rütm, vorm jm).

Arvo Pärt: „Pühad tekstid on meist sõltumatud ja nad ootavad meid: igal inimesel on oma aeg, millal ta nende tekstideni jõuab. See kohtumine tuleb siis, kui neid tekste ei peeta enam kirjanduseks ega kunstiteoseks, vaid toetuspunktiks või mudeliks.“[2]

Arvo Pärdi Keskuse raamatukogus on nootide, heliplaatide, muusika- ja kunstiraamatute kõrval ka esinduslik valik teoloogiaalast kirjandust, millest suur osa pärineb Arvo Pärdi kodusest raamatukogust ning on seotud peamiselt õigeusu kiriku vaimsusega. See valimik peegeldab helilooja lugemishuvi ning viitab olulistele tekstidele, mis inspireerisid teda 1970. aastail just vahetult enne *tintinnabuli*-stiilini jõudmist. Need on peamiselt varakristlike teoloogide ja kõrbeisade kirjutised, mis on toitnud sajandite jooksul paljusid heliloojaid, kunstnikke ja suurt osa Euroopa kultuurist, aga ka hilisemate õigeusu pühakute, eeskätt Athose vaga Siluani ja Athose püha Sofroni õpetussõnad. Neid tekste lugedes ja tundma õppides võib kiht-kihilt jõuda lähemale Pärdi muusika tuumale, sellele allikale, mis on aluseks kogu tema loomingule ja eluhoiakule.

1
Merike Vaitmaa. Arvo Pärt. – Helju Tauk, koost. Kuus Eesti tänase muusika loojat. Tallinn, Eesti Raamat, 1970, lk 59. (Tsitaadi on Arvo Pärt ümber sõnastanud 2019. aastal.)

2
Enzo Restagno. Vestlused Arvo Pärdiga. – Enzo Restagno, koost. Arvo Pärt peeglis. Vestlused, esseed ja artiklid. Tallinn, Eesti Entsüklopeediakirjastus, 2004, lk 84.

On üldiselt teada, et Arvo Pärt ei armasta oma muusikast sõnadega rääkida, öeldes: „Minu sõna on heli.“ Siiski on sissepoole suunatud sõna, intensiivne sisekõne Pärdi loomeprotsessis väga olulisel kohal ning heliga tihedalt läbi põimunud. Sellest annavad tunnistust sajad visandid ja muusikapäevikud, mis on hoiul keskuse arhiivis. Muusikapäevikuid hakkas Pärt pidama sügavas loomingulises kriisis 1970. aastate algul ning peab neid tänase päevani. Päevikute tuhandetele lehekülgedele on Pärt jäädvustanud oma teoste loomise alates kõige esimestest ideedest. Muusikaliste visandite kõrval on ta aga üles tähendanud ka igapäevaseid mõtisklusi elust ja surmast, ajast ja igavikust, inimesest ja Jumalast, armastusest, muusika kirjutamisest ja paljust muust. Noodiridade vahele on kirjutatud lõike pühakirjast ja teistest heliloojale olulistest raamatutest, samuti palveid. Neist tekstidest ja mõtisklustest tekib muusika ümber rikas kontekst, mis võimaldab haruldast sissevaadet Pärdi loomingusse.

Arvo Pärdi helikeel on tõepoolest otsekui helidest moodustuv keel – ühtaegu nii sügavalt isiklik kui ka universaalselt kommunikatiivne. Seetõttu on tema muusikale sageli omistatud võimet ühendada väga erineva tausta ja huvidega kuulajaid ning heliloojat ennast nimetatud sillaehitajaks mineviku ja oleviku, ida ja lääne, eelkõige aga inimeste vahel.

Arvo Pärt: „Oma muusikas ei ole ma võtnud ülesandeks rääkida mingitest religioossetest või erilistest ortodokssetest väärtustest. Ma püüan rääkida muusikas asjadest, mis puudutavad iga inimest. Muusika substants on tegelikult konfessioonideülene.“[3]

Helilooja abikaasa Nora Pärdi sõnul keerleb Arvo Pärdi elu ja looming, kogu tema vaimne ja muusikaline maailm justkui ühe põhitelje ümber – selleks on armastus ning unistus sellest, et inimesed armastaksid üksteist. Arvo Pärdi muusika kuulajad ütlevad sageli, et tunnevad end tema muusikas armastatud ja hoitud. Nii võiks see olla ka tema loomingule pühendatud majas.

Seepärast on Arvo Pärdi keskuse ülesehitamist algusest peale saatnud idee, et see võiks inimesi ühendada ning olla avatud kohtumispaik, kus igaüks tunneks end oodatuna. Keskuse esmane missioon on koguda ja hoida helilooja loomepärandit ning jagada selle vilju – muusikat, teadmisi ja kogemusi – oma külastajatega. Kuid sama oluline on külvata uusi loomingulisi seemneid, inspireerida ja olla viljakas pinnas uute ideede tekkeks. Olla paik, mis kutsub keskenduma, kuulama ja kuulatama. Olla vaikuse ja muusika kodu.

3
Arvo Pärdi käsikirjaline visand William Robini intervjuule „His Music, Entwined With His Faith“, ilmunud 16. V 2014 ajalehes New York Times. – Arvo Pärdi Keskus (APK 7-6.73_02).

'In the beginning was the Word' truly lies at the heart of it all, because without the Word, nothing would exist. I believe that this idea should be translated not only into our words, but also into every note, every thought, every stone.

THE GOSPEL ACCORDING TO

ST. JOHN

CHAPTER 1

I IN the beginning was the Word,
and the Word was with God, and
the Word was God.
2 The same was in the beginning
with God.
3 All things were made by him;
and without him was not any thing
made that was made.
4 In him was life; and the life was
the light of men.
5 And the light shineth in dark-
ness; and the darkness compre-
hended it not.

II 6 ¶ There was a man sent from
God, whose name *was* John.
7 The same came for a witness, to
bear witness of the Light, that all
men through him might believe.
8 He was not that Light, but *was*
sent to bear witness of that Light.

III 9 *That* was the true Light, which
lighteth every man that cometh into
the world.
10 He was in the world, and the
world was made by him, and the
world knew him not.
11 He came unto his own, and his
own received him not.

IV 12 But as many as received him,
to them gave he power to become
the sons of God, *even* to them that
believe on his name:
13 Which were born, not of blood,
nor of the will of the flesh, nor of
the will of man, but of God.

V 14 And the Word was made flesh,
and dwelt among us, (and we beheld
his glory, the glory as of the only
begotten of the Father,) full of grace
and truth. AMEN.

15 ¶ John bare witness of him, and
cried, saying, This was he of whom
I spake, He that cometh after me is
preferred before me: for he was
before me.
16 And of his fulness have all we
received, and grace for grace.
17 For the law was given by Moses,
but grace and truth came by Jesus
Christ.
18 No man hath seen God at any
time; the only begotten Son, which
is in the bosom of the Father, he
hath declared *him*.
19 ¶ And this is the record of
John, when the Jews sent priests
and Levites from Jerusalem to ask
him, Who art thou?
20 And he confessed, and denied
not; but confessed, I am not the
Christ.
21 And they asked him, What
then? Art thou Elias? And he saith,
I am not. Art thou that prophet?
And he answered, No.
22 Then said they unto him, Who

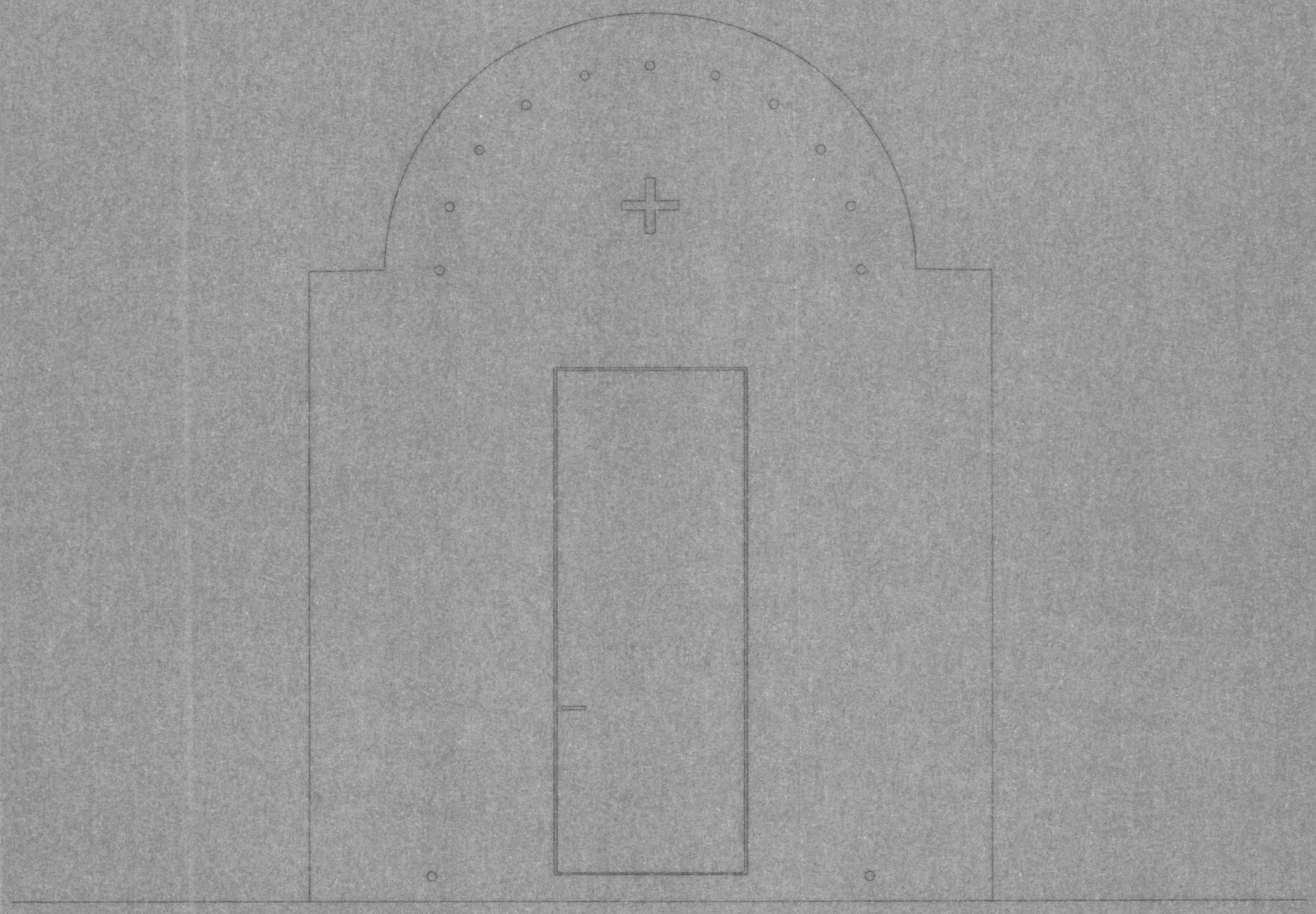

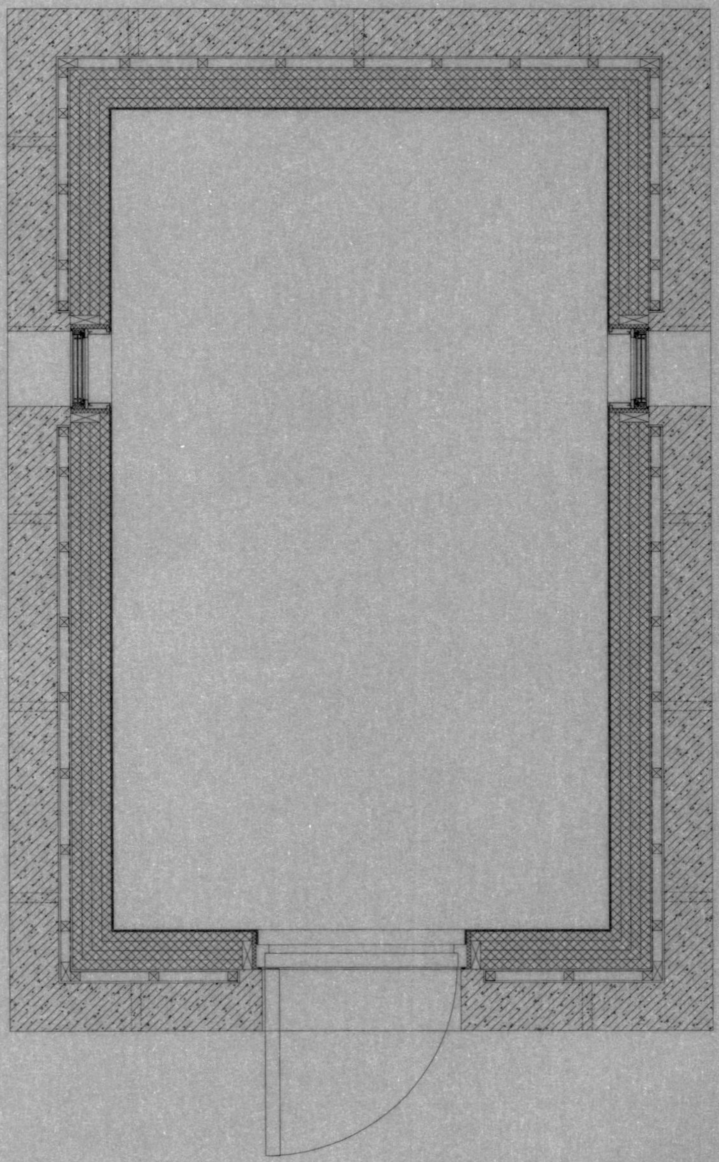

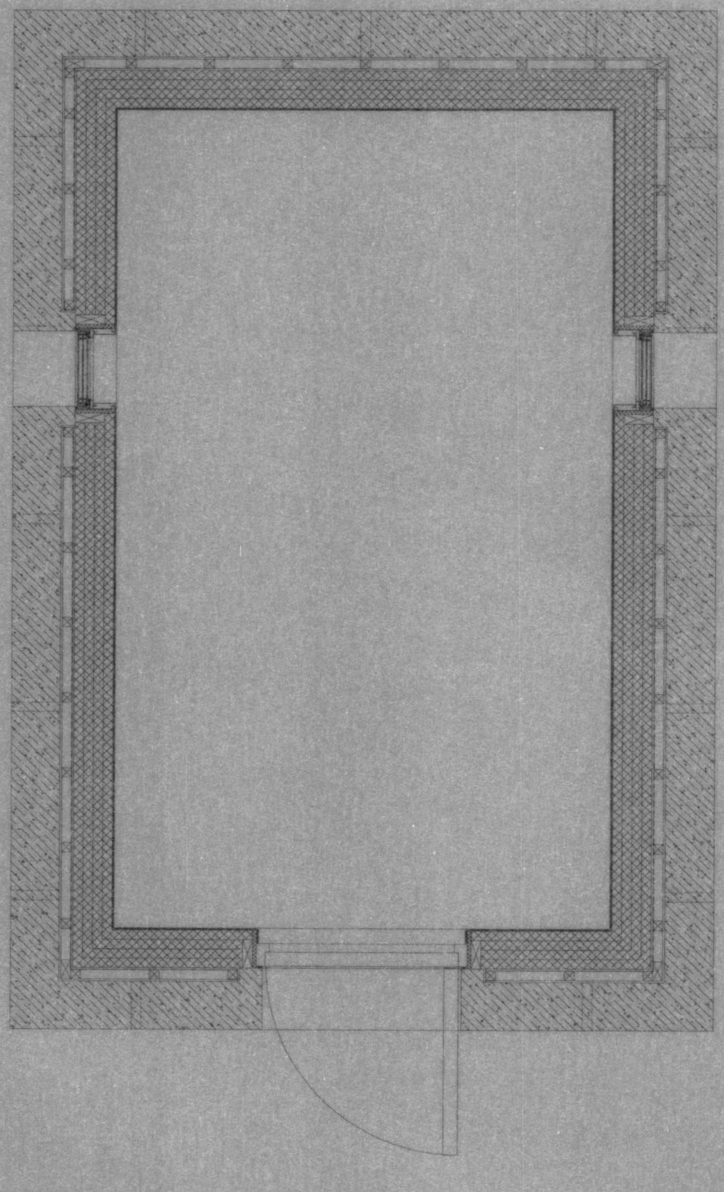

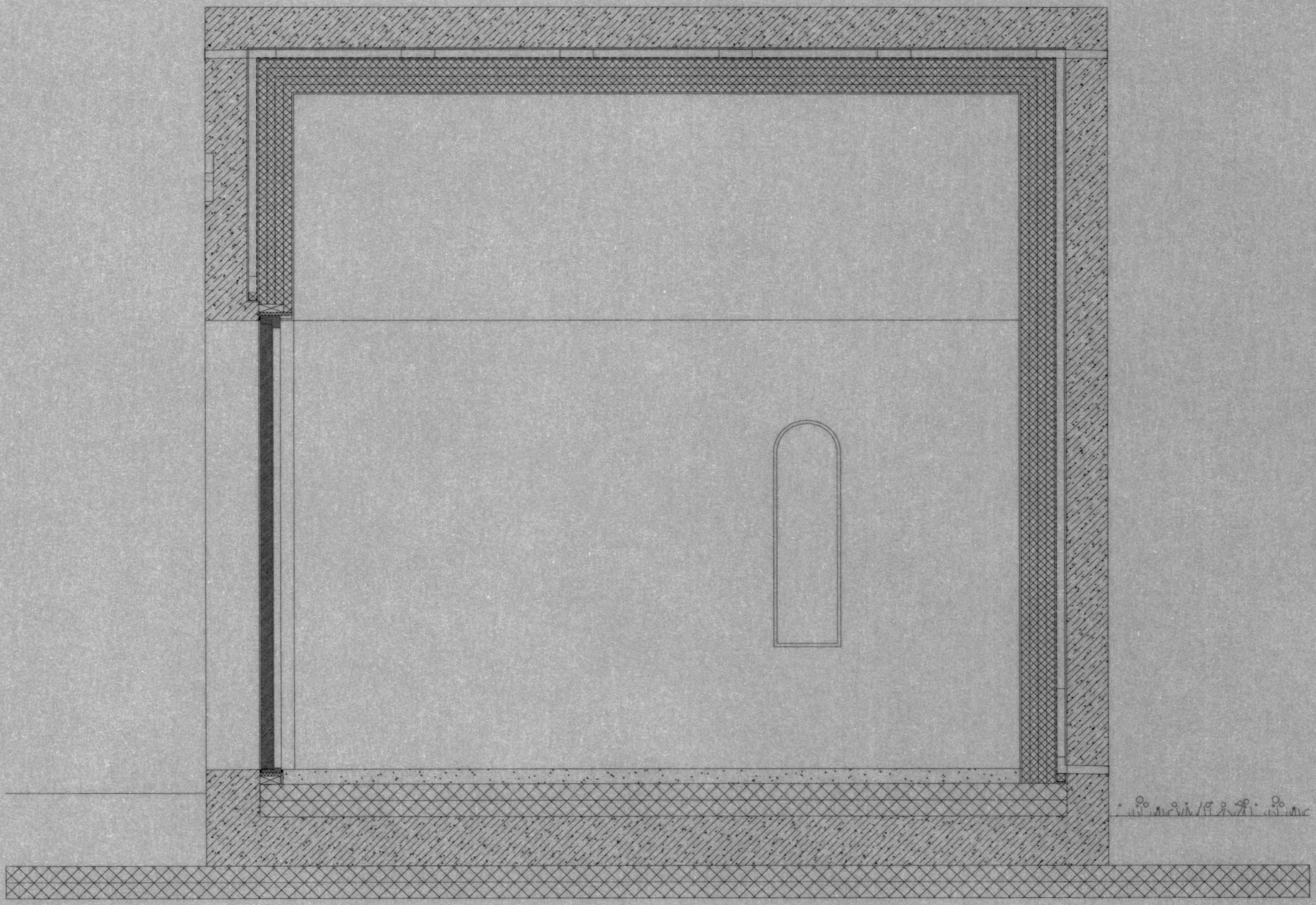

1 1 In principio erat Verbum, et Verbum erat apud Deum, et Deus
erat Verbum. 2 Hoc erat in principio apud Deum. 3 Omnia per
ipsum facta sunt, et sine ipso factum est nihil, quod factum est;
4 in ipso vita erat, et vita erat lux hominum, 5 et lux in tenebris
lucet, et tenebrae eam non comprehenderunt.

6 Fuit homo missus a Deo, cui nomen erat Ioannes; 7 hic venit
in testimonium, ut testimonium perhiberet de lumine, ut omnes
crederent per illum. 8 Non erat ille lux, sed ut testimonium perhi-
beret de lumine.

9 Erat lux vera, quae illuminat omnem hominem, veniens in mun-
dum. 10 In mundo erat, et mundus per ipsum factus est, et mundus
eum non cognovit. 11 In propria venit, et sui eum non receperunt.

12 Quotquot autem acceperunt eum, dedit eis potestatem filios
Dei fieri, his, qui credunt in nomine eius, 13 qui non ex sanguinibus
neque ex voluntate carnis neque ex voluntate viri, sed ex Deo nati
sunt.

14 Et Verbum caro factum est et habitavit in nobis; et vidimus
gloriam eius, gloriam quasi Unigeniti a Patre, plenum gratiae et
veritatis.

„Alguses oli Sõna" on tõepoolest kõigele südameks, sest ilma selle Sõnata ei eksisteeriks midagi. Ma usun, et seda ideed ei tule mitte üksnes meie sõnadesse tõlkida, vaid ka igasse nooti, igasse mõttesse, igasse kivisse.

I AM

At the Heart of the Centre: The Saint Silouan and Saint Sophrony Chapel

Nikita Andrejev

Even a centre needs a centre. An institution and its building are focused on a collection, an idea or a personality around which all of its activities converge like the spokes of a wheel meeting at its hub. When considering this key point more closely, one realises that within it exists an additional point of focus – another, not entirely obvious reality from which it draws its life and inspiration.

The chapel of the Arvo Pärt Centre stands in the largest of five inner 'courtyards' of the house, exposed to the sky and encompassed by the same moss, heather, ferns and blueberry shrubs that grow in the surrounding woods. The simplicity and blockish proportions of the barrel-vaulted chapel recall the tiny ancient Byzantine churches that can be seen throughout the countryside in Greece and other Orthodox countries. The no-frills aspect of the structure, which is cast as a single piece of concrete, has the feel of something primordial, especially when rain discolours its surface in long dark streaks. There is, though, a small, equal-sided cross that is imprinted in the concrete above the entry, enlivening the overall austerity and revealing the building's function.

The idea of the Centre's architects was to create the effect as though the chapel pre-existed on the building site. It is as if a tiny ancient edifice had been found in the pine forest of Laulasmaa and had then been enclosed within the contemporary structure of the Centre. The idea is potent and echoes the profound first words of the Gospel according to St John: 'In principio'. The chapel makes one consider that something must have preceded the building of the Centre. Perhaps it even makes one wonder what lies at the very origins of the world.

'In the beginning was the Word, and the Word was with God, and the Word was God' (John 1:1). With these words, John the Evangelist sets up a parallel between his Gospel and the very first book of the Bible, in which the creation of the world is presented beginning with the words, 'In the beginning, God created the heavens and the earth' (Genesis 1:1). In Genesis, every day or stage of creation is set in motion with God's Word, 'Let there be…' or 'Let us make…'. Thus appear light, the heavens, the earth, stars, vegetation, living creatures and man. As for John's Gospel, it will be a commentary on the nature of that creative Word as it appeared in the flesh. The subject of the account, Jesus, will be shown to be that same Word of God come down from heaven to re-create and resurrect the disintegrating universe with the love manifested through his incarnation and death on the cross.

Speaking in terms of the architectural plan of the building, the chapel belongs to the space of the Centre's library. A library contains collections of words formed into sentences, chapters and volumes. The Centre's library is considered to be the spiritual heart of the building, since it contains much of the literature that directly or indirectly influences Arvo Pärt's work. If one wants to delve into the compelling nature of his music, one must get to know the word or words comprising the 'principle' of his music. Not only his principles of composition, but perhaps even more, the spiritual outlook shaping his world view. It is here where the symbolism of the chapel, purposefully set at the core of the heart of the Centre, gains importance.

When we open the door of the chapel and look in, we see, in the lower register of the paintings on the facing wall, the full-length standing figure of Jesus Christ flanked by two holy men. He appears within a *mandorla*, an almond-shaped orb which is deep blue at the centre and progressively lighter towards the outer edge. This is the traditional means for symbolising the glory of God in Byzantine iconography. The *mandorla* is like an irruption of divine light into the world. Radiating from his human form, it denotes Christ's divine nature. And so, in this principal figure of the mural cycle, we see a visual depiction of the 'Word' which was 'in the beginning' and 'was God', and which, as a later verse of St John's prologue states, 'became flesh and dwelt among us, and we beheld his glory' (John 1:14).

Sharing in Christ's light and devotedly leaning toward him with gestures representing dialogue and prayerful supplication are the two holy men to whom the chapel is dedicated: St Silouan of Athos and the newly canonised St Sophrony of Essex. The former, a great Orthodox ascetic of the twentieth century, lived on the peninsula of Mount Athos in Greece, a secluded 'republic of monasteries' founded in the tenth century. His devoted disciple there, St Sophrony, later founded a monastery in England. Through his personality and writings, knowledge about St Silouan and his message spread throughout the world. Arvo Pärt and his wife Nora were well acquainted with Father Sophrony, who gave them spiritual advice and supported Pärt's creative endeavours.

On the back wall, above the door, is an image of the lamenting Forefather Adam, who is the first human being and at the same time recapitulates all of humanity. The book of Genesis recounts how Adam was created for life in Paradise but lost the enjoyment of this sacred place, or state. A text written by St Silouan, *Adam's Lament*, portrays him bewailing his fall and begging God to restore to him the virtues through which he might again behold God: 'Be merciful unto me, O Lord! Bestow on me the spirit of humility and love.' These words, the final words of the *Lament* as set to music by Arvo Pärt, are written on either side of Adam.

Adam's Lament, however, does not end as a hopeless tragedy. From his position of banishment, the weeping Adam in the chapel looks out to the opposite eastern wall, where, filling the top semi-circle is an image of Mary, the Mother of God. With outstretched hands she is praying for fallen humanity and encompassing it with her cloak in a gesture of protection. Like Adam, Mary is a figure in whom Christian tradition also sees symbolic meaning, calling her the regained 'mystical Paradise'. Having given birth to God in Jesus Christ, she has reopened the gates onto the contemplation of God in the face of her divine Son. It is he who, below, holding the Book of Life (the Gospel), on which is inscribed the Biblical name of God 'I AM', reveals eternal and absolute being in concrete form, as the creative Word of God in person. In this way, the St Silouan and St Sophrony chapel represents an important focal point of the Centre, a source from which creative activity can draw its power and meaning.

Keskuse süda: püha Siluani ja püha Sofroni kabel

Nikita Andrejev

Isegi keskus vajab keset. Üks asutus ja selle hoone koonduvad kollektsiooni, idee või isiksuse ümber. Seal kohtuvad kõik tegevused nagu rattakodarad, mis keskel kokku saavad. Kui seda keskpunkti ennast lähemalt vaatame, siis mõistame, et sellelgi on oma fookus – veel üks esmapilgul varjatud reaalsus, millest ammutada elu ja inspiratsiooni.

Arvo Pärdi Keskuse kabel asub viiest sisehoovist avaraimas, see sirutub avatud taeva poole ning seda ümbritsevad seesama sammal, kanarbik, sõnajalad ja mustikapuhmad, mida näeme kasvamas ka metsa all. Silindervõlviga kabeli lihtsus ja tahukakujulised proportsioonid meenutavad vanu pisikesi Bütsantsi kirikuid, mida võib senini leida Kreeka ja teiste õigeusumaade maakohtades. Betooni valatud ilustusteta struktuuris on midagi ürgset, eriti siis, kui vihm sellele oma pikad tumedad jooned tõmbab. Väike võrdhaarne rist sissepääsu kohal elavdab ehitise üldist rangust ning toob esile selle funktsiooni.

Keskuse arhitektide taotlus oli luua mulje, nagu oleks kabel juba enne keskuse ehitust olemas olnud. Justnagu oleks Laulasmaa mändide keskelt leitud väike vana pühakoda, mille ümber hiljem tänapäevane keskusehoone kerkis. See idee on kõnekas, eriti vastukajana Johannese evangeeliumi sügavatele esimestele sõnadele: „In principio ...“ („Alguses oli ...“). Kabel paneb meid mõtlema sellele, et keskuse ehitamisele pidi midagi eelnema. Ja sealt edasi paneb see meid ehk ka kogu maailma alguse peale mõtlema.

„Alguses oli Sõna ja Sõna oli Jumala juures ja Sõna oli Jumal.“ Nende sõnadega toob evangelist Johannes esile paralleeli oma evangeeliumi ja piibli esimese raamatu vahel, kus räägitakse maailma loomisest sõnadega „Alguses lõi Jumal taeva ja maa ...“. Esimeses Moosese raamatus saab iga päev alguse Jumala sõnadest „Saagu ...“ või „Tehkem ...“. Nii ilmuvad valgus, taevas, maa, tähed, taimed, elusolendid ja inimene. Johannese evangeelium aga on kommentaar selle Sõna olemuse kohta, nagu ta lihakssaanuna meile ilmus. Selle loo subjekti, Jeesust, näidatakse sellesama Jumala Sõnana, kes tuli taevast maa peale, et lagunevat universumit oma lihakssaamise ja ristisurma kaudu avalduva armastusega taasluua.

Hoone arhitektuurilises asetuses kuulub konfessioonideülene kabel keskuse raamatukogu alasse. Raamatukogu sisaldab sõnade kogumit, mis on vormitud lauseteks, peatükkideks ja köideteks. Keskuse raamatukogu võib pidada hoone vaimseks südameks, kuna seal peitub suur osa kirjandusest, mis on Arvo Pärdi tööd otseselt või kaudselt mõjutanud. Kui soovime süveneda sellesse, miks tema muusika inimesi paelub, peame tutvuma sõna või sõnadega, mis on tema muusika „printsiibiks“. Ja siin ei räägi me vaid kompositsiooniprintsiipidest, vaid pigem vaimsest väljavaatest, mis tema maailmavaadet kujundab. Just siin avaneb kabeli sümboolne tähendus, asetatuna keskuse südame tuuma.

Kui avame kabeli ukse ja sisse vaatame, näeme vastasseina alumises osas Jeesus Kristuse täispikkuses kujutist, ümbritsetuna kahest pühamehest. Teda on kujutatud mandorla, mandlikujulise aupaiste taustal, mille keskosa on tumesinine ja muutub väljapoole liikudes järk-järgult heledamaks. See on Bütsantsi ikoonikunsti traditsiooniline viis kujutada Jumala auhiilgust. Mandorla on justkui jumaliku valguse sööst maailma. Kiirates välja Kristuse inimlikust kujust, viitab see tema jumalikule loomusele. Niisiis näeme selles seinamaalingute seeria keskses figuuris visuaalset kujutist „Sõnast, mis oli alguses“ ja mis „oli Jumal“ ja mis Johannese evangeeliumi edasiste ridade järgi „sai lihaks ja elas meie keskel, ja me nägime tema kirkust“.

Kristuse valgusest saavad osa ning pöörduvad palveasendis pühendunult tema poole kaks isiksust, kellele kabel on pühendatud: Athose püha Siluan ja äsja kanoniseeritud pühak, Essexi Sofroni. Esimene neist oli 20. sajandi suur õigeusu askeet, kes elas Athose mäel, 10. sajandil asutatud eraldiseisvas kloostrite vabariigis Kreekas. Püha Siluani ustav õpilane Sofroni asutas hiljem kloostri Inglismaal Essexis. Tema isiku ja kirjutiste kaudu levis püha Siluani kuulsus ja sõnum üle kogu maailma. Ka Arvo Pärt ja tema abikaasa Nora said lähedalt tuttavaks püha Sofroniga, kes neile vaimulikku juhatust jagas ning helilooja loomingulisi püüdlusi toetas.

Tagaseinas, ukse kohal, on kujutatud nutvat esiisa Aadamat, kes on nii esimene inimene kui ka kogu inimkonna võrdkuju. Esimene Moosese raamat räägib, kuidas Aadam loodi paradiisielu jaoks, kuid jäi sellest pühast paigast ja seisundist ilma. Püha Siluani kirjutatud tekst „Aadama itk“ näitab teda nutmas oma langemise pärast ja palumas Jumalat taastada temas voorused, mille kaudu ta uuesti Jumalat näha saaks: „Oh Issand, ole mulle armuline. Kingi mulle alandlikkuse ja armastuse vaimu.“ Need märgilise tähtsusega sõnad, mis kõlavad Arvo Pärdi „Aadama itku“ lõpus, on kabelis kujutatud kummalgi pool Aadamat.

Aadama itk ei lõppe aga lootusetu tragöödiana. Oma pagenduse paigast vaatab itkev Aadam kabeli vastasseina, itta, kus ülemisel poolkaarel on kujutatud Maarjat, Jumala ema. Väljasirutatud kätega palvetab ta langenud inimkonna eest ja kogub kaitsva žestiga selle oma rüü alla varjule. Nagu Aadam, on ka Maarja ajalooline isik, kelles kristlik traditsioon näeb sümboolset kuju, nimetades teda taasleitud „müstiliseks paradiisiks“. Olles ilmale toonud Kristuse Jumala, avas ta taas väravad jumalakaemusele oma Poja kehastuses, kes hoiab käes Eluraamatut, evangeeliumi, millele on kirjutatud Jumala nimi piiblist – „I AM“ („Mina olen“) –, ning kes ilmutab igavest ja absoluutset eksistentsi. Sel viisil kujutab püha Siluani ja püha Sofroni kabel endast keskusele olulist keset, allikat, millest loometegevus saab ammutada jõu ja tähenduse.

XC
SAINT SOPHRONY

Silence, to the composer, is like a clean canvas
to a painter, or blank white paper to a poet.
Tabula rasa.

17 VIII

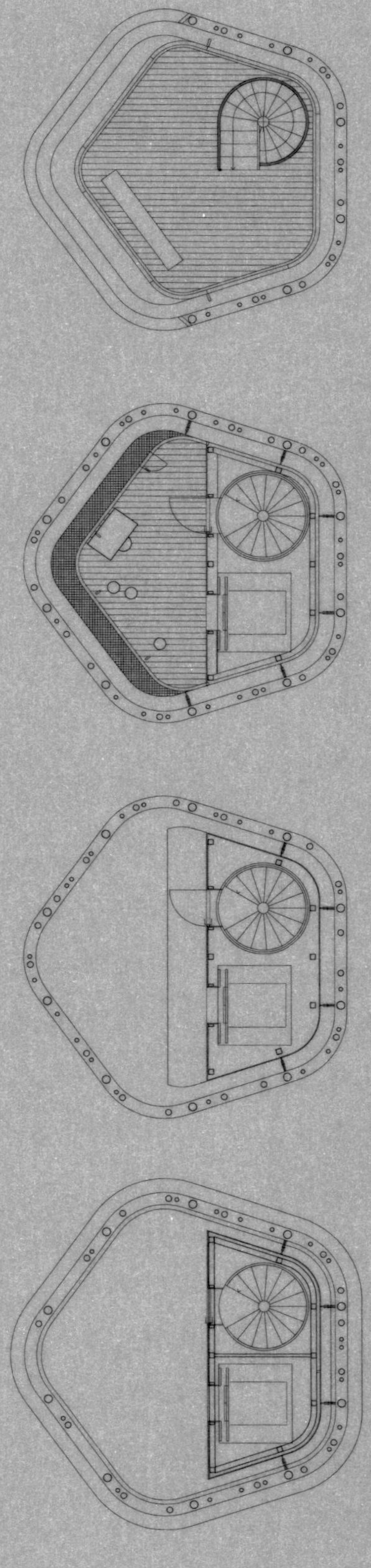

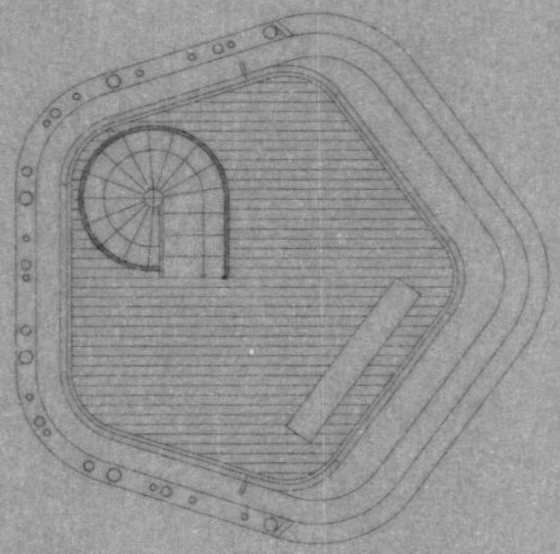

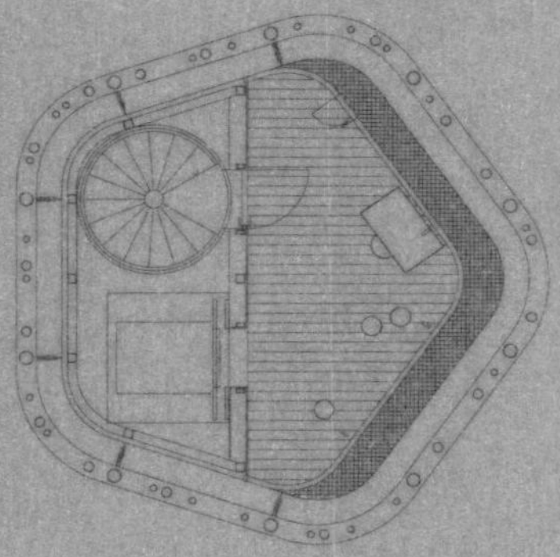

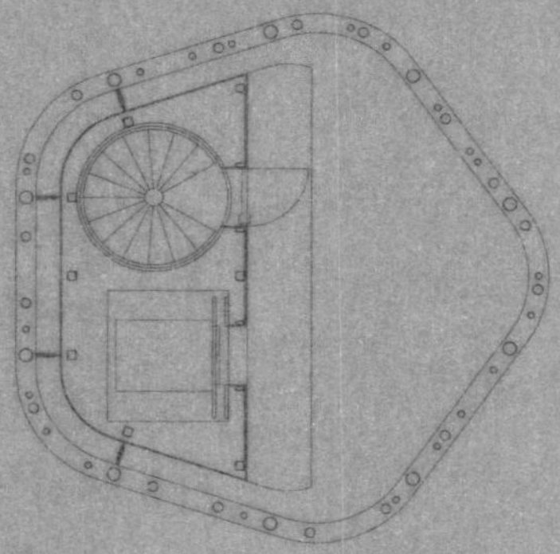

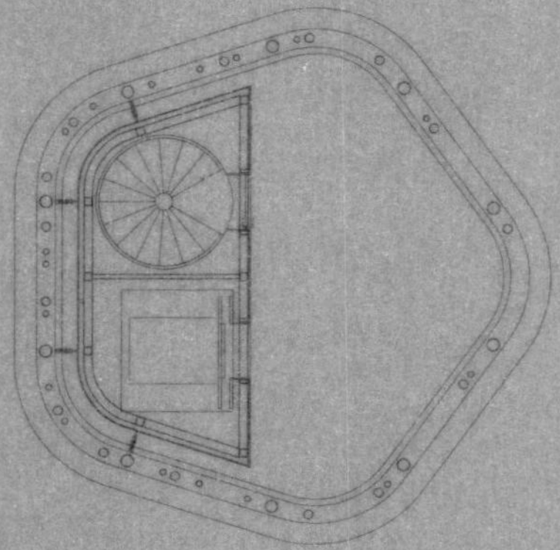

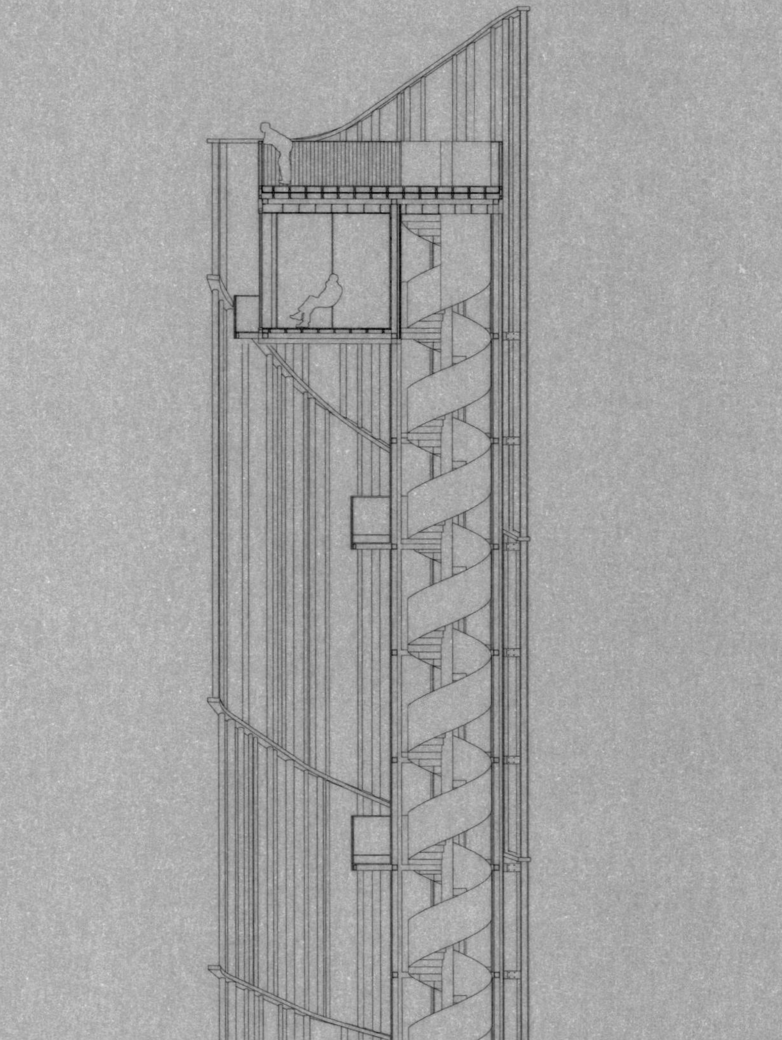

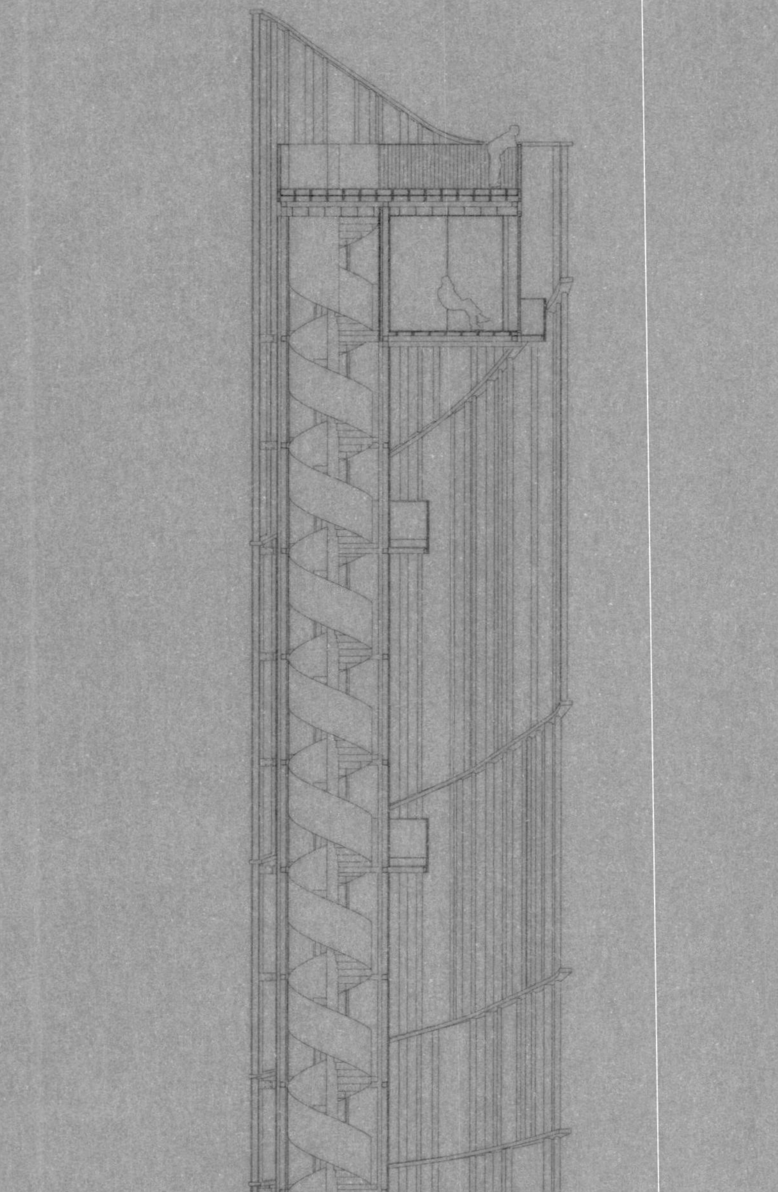

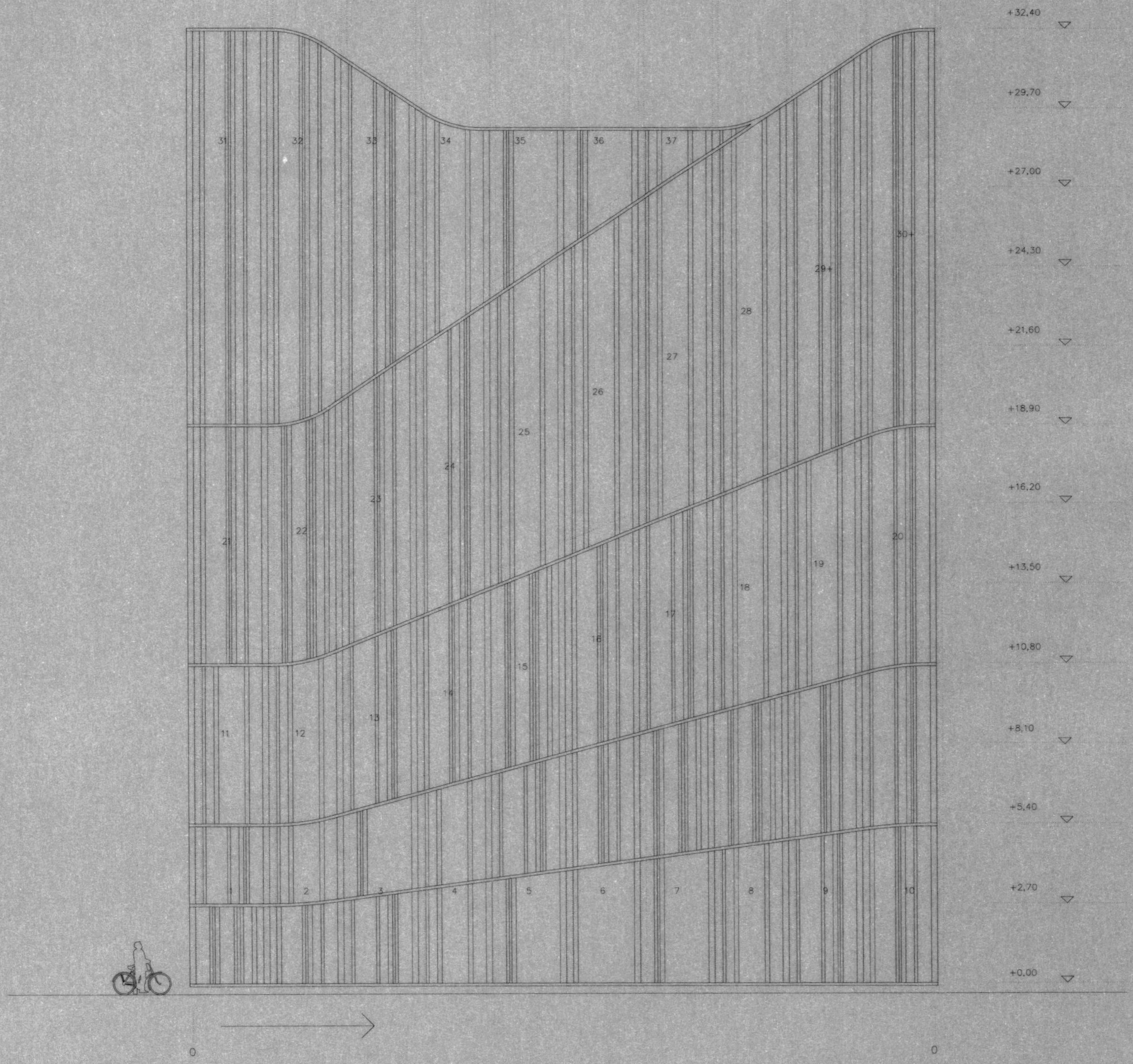
+32,40
+29,70
+27,00
+24,30
+21,60
+18,90
+16,20
+13,50
+10,80
+8,10
+5,40
+2,70
+0,00
31 32 33 34 35 36 37
30+ 29+ 28 27 26 25 24 23 22 21
20 19 18 17 16 15 14 13 12 11
1 2 3 4 5 6 7 8 9 10
0
0

+32,40
+29,70
+27,00
+24,30
+21,60
+18,90
+16,20
+13,50
+10,80
+8,10
+5,40
+2,70
+0,00

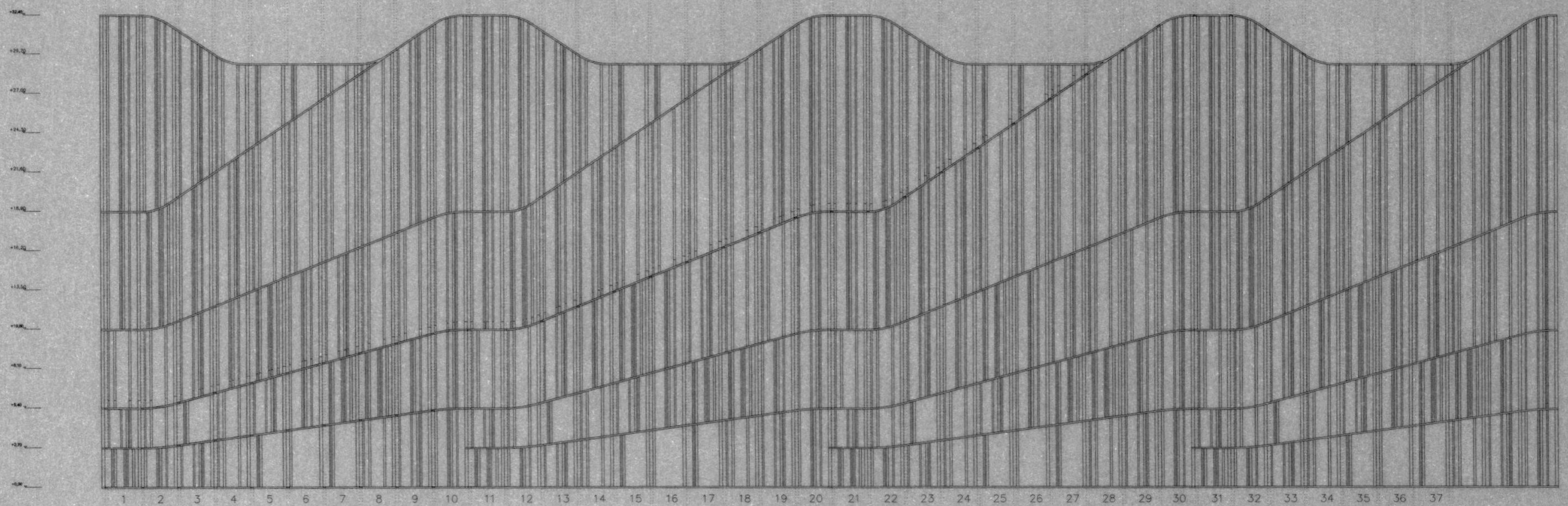

+32,40
+29,70
+27,00
+24,30
+21,60
+18,90
+16,20
+13,50
+10,80
+8,10
+5,40
+2,70
±0,00
1 2 3 4 5 6 7 8 9 10 11 12 13 14 15 16 17 18 19 20 21 22 23 24 25 26 27 28 29 30 31 32 33 34 35 36 37
0
0
0

Helilooja jaoks on vaikus nagu maalikunstnikule puhas lõuend või poeedile puhas valge paberileht. Tabula rasa.

Unending Redirection

Covadonga Blasco Veganzones

Dynamics is the great, the principal area,
the endless area of the cosmos.[1]
Paul Klee

After an expedition to the cliffs of Bandiagara, the ethnologist Dominique Zahan explained the ritual of the construction of a lute in his study *Notes sur un luth dogon*.[2] For the Dogons, one of the most mysterious ethnic groups on the planet, the lute is a sacred instrument whose construction entails a meticulous process full of symbolic gestures. To capture the structure of the world, the soothsayer of the group, luthier and musician at the same time, buries the wood to be used to build the instrument for four days. Once finished, the seer plays it, at which point the different parts of the lute unify in the sound revealing the raison d'être of the instrument: a harmonic resonance between the human scale and the cosmos.

Like the Dogon lute, the Arvo Pärt Centre is also an instrument that achieves a resonance created from the harmony between architecture, body and landscape. The Centre embodies a synchronisation of three frequencies occurring when perception and logic flow as one.

The acoustic nature of the phenomenon of resonance provokes reflection on the sound dimension of the surrounding landscape, in which *listening*, as an active form of hearing, brings sense to what is *sensed*[3] and allows us the ability to perceive the sound registers in visual form.

The access path to the Centre, the main building, the little chapel and the observation tower are the parts of an instrument activated by *sonic thinking*.

The entrance to the main building stretches along a winding path leading to the access door. The path's geometry discreetly adapts to the topography of the landscape and the position of the trees in the woods. The visitor is thus engaged in a state of attentive listening to the surrounding environment and through this experience, proof of the insignificance of the human scale compared with the immensity of the setting becomes

1
Jürg Spiller (ed.), *Paul Klee: The Thinking Eye. The Notebooks of Paul Klee.* Vol. 1, London, Lund Humphries, 1961, p. 183.

2
Dominique Zahan, 'Notes sur un luth dogon'. – *Journal de la Société des Africanistes,* vol. 20, part 2, 1950, pp. 193–207.

3
Jean-Luc Nancy, *A la escucha.* Buenos Aires, Amorrortu Editores, 2007, pp. 17–18.

apparent. During this journey among the trees, the views reveal the aesthetic values of the Laulasmaa forest and, in parallel, listening evokes the image of the primary sounds of the background. The birds, the wind, the rain... give rise to touchstone signifiers common to all cultures through the accumulation of universal sensory experiences. Thus, the sea, hidden a few metres from the track, becomes visible through the murmur of its waves, and the grey of the Baltic becomes infused into the landscape of the path through sound.

Suddenly, a camouflaged presence looms between the trees. The architecture of the Arvo Pärt Centre appears just where it had potentially always existed. It is a vacuum governed by the dynamism of the landscape in which centripetal and centrifugal forces place the body in the centre of the space.

The Arvo Pärt Centre is not separate from its natural setting, but reproduces the structure of nature and is built with it. The building is instantly integrated into the landscape upon recognition of those environmental sensory forces included in its own design. The beauty of the rhythms and the musicality of the sound prints of the territory are expressed in abstract forms that are a result of a profound respect for the place.

The visual redirection produced between the pine trunks in the woods and the columns of the interior and exterior façades creates a reverberating field where the musical and architectural compositions become entangled. The sound is transformed subtly into a transfer of structures, achieving a perceptual analogy that can only arise out of a sincere dialogue between the purity of the sound of Arvo Pärt and the mastery of geometry of architects Fuensanta Nieto and Enrique Sobejano. Within the building, neither outside nor inside exists, but rather a constant redirection in which the landscape in its turn adopts the image of the architecture.

The most singular elements of the project – the chapel and the tower – prompt the same introspective landscape in two essential spaces. Both, in their respective restraint or grandeur, elicit a silence from the intimacy generated by the scale of the spaces. This silence does not signify the absence of sound, but a confluence of the recollection of everything one has experienced – a virtual landscape in which both far and near meet at memory's deep horizon.

Observation of the boundary between earth and sky from the tower and the passage of time embodied in the chapel both exalt that emotion which takes man out of himself, releasing the body to become a sound box vibrating with the universe containing it.

A musician interpreting an Arvo Pärt score, just like the seer with his lute, lives music. Both are capable of simultaneously reading, playing and listening to a melody. Likewise, the landscape is built out of what is lived, when we experience a representation of it by building an image, while also living in it at the same time. As a dynamic phenomenon, the landscape is defined as an active experience, when time turns into space. The senses transcend logic, and understanding is realised as awareness through resonance, just as Paul Klee designed to achieve a philosophical vision of the universe allowing the free creation of abstract forms.[4] The same abstract forms compose each of the parts of the Arvo Pärt Centre.

Listening to the Arvo Pärt Centre connects with meanings of the project which go beyond appearances, encouraging the meeting of two epicentres, that of experience and that of representation, which interrogate each other through resonance to find the frequency harmonising architecture, body and landscape.

4
Paul Klee, 'Wege des Naturstudiums'. – Walter Gropius (ed.), *Staatliches Bauhaus in Weimar 1919–1923*. Weimar, München, Köln, Bauhausverlag, 1923, pp. 24–25.

Lõputu vastukajamine

Covadonga Blasco Veganzones

Dünaamika on suur keskne ala,
kosmose lõputa ruum.[1]
Paul Klee

Pärast üht ekspeditsiooni Bandiagara järsakule Malis kirjeldas etnoloog Dominique Zahan oma uurimuses „Märkmeid dogonite lautost“[2] lauto valmistamise rituaali. Sealse salapärase dogonite rahva jaoks on lauto püha instrument, mille valmistamine kujutab endast üksikasjalikku, sümboolseid liigutusi täis protsessi. Peegeldamaks maailma korda, matab rühma ennustaja, kes on samal ajal ka pillimeister ja muusik, neljaks päevaks maha puidu, millest ta hiljem instrumendi valmistab. Kui lauto on valmis, mängib ennustaja sellel ja samal hetkel saavad lauto erinevad osad helis üheks ning nähtavaks muutub pilli tegelik tähendus: harmooniline resonants inimmõõtme ja kosmose vahel.

Nii nagu dogonite lauto, on ka Arvo Pärdi Keskus otsekui instrument, mis otsib arhitektuuri, inimest ja maastikku harmoneerivat resonantsi. Need kolm sagedust muutuvad sünkroonseks siis, kui taju ja loogika voolavad ühes suunas.

Resonantsi akustilisus aitab mõtiskleda maastiku helilise mõõtme üle, milles *kuulamine*[3] kui pingsa kuulatamise seisund annab tajutule *tähenduse* ja võimaldab minna kaugemale käegakatsutavast, et teha ilmsiks nähtavas peituvad helilised registrid.

Keskusesse viiv tee, peamaja, väike kabel ja vaatetorn on instrumendi osad, mis hakkavad helilise mõtlemise mõjul kõlama.

Sisenemine majja kulgeb aegapidi mööda looklevat teed, mis viib ukseni. Tee kuju kohandub aupaklikult maastiku ja männipuudega, pannes külalise loodust sügavuti kuulama. Nii sünnib tõdemus inimmõõtme tühisusest võrreldes looduse mõõtmatusega. Jalutuskäigu ajal tajub pilk Laulasmaa metsa esteetilist dimensiooni, samal ajal aitab kuulmismeel esile manada tagaplaanil kostva ürgheli (*Ur-Geräusch*). Linnud, tuul, vihm – need looduse nähtused loovad universaalsetele aistilistele kogemustele tuginedes kõikidele kultuuridele ühiseid mustreid. Nii muutub lähedalasuv meri nähtavaks tänu lainete mühale ja heli lisab metsarada ümbritsevale maastikule Läänemere halli värvi.

Äkitselt ilmub puude vahelt midagi varjatut. Arvo Pärdi Keskuse hoone on loodud kohta, kus ta potentsiaalselt alati on asunud. Hoone on vaakum, mille üle valitsevad looduse dünaamilised jõud ning kus tsentripetaalsed ja tsentrifugaalsed liikumised asetavad keha ruumi keskele.

Arvo Pärdi Keskus ei ole loomulikust korrast eraldiseisev objekt, vaid taasloob looduslikku struktuuri. Hoone sulandub sellega sundimatult, haarates endasse ümbritseva aistilise kogemuse. Rütmide ilu ja koha helijälgede musikaalsus väljenduvad abstraktsetes vormides, mis on sündinud sügavast austusest paiga vastu.

Männitüvede ning sise- ja välisruumis asuvate sammaste vaheli-

1
Paul Klee. Teoría del arte moderno. Buenos Aires, Cactus, 2007.

2
Dominique Zahan. Notes sur un luth dogon. – Journal de la Société des Africanistes, 20. kd, 2. osa, 1950, lk 193–207.

3
Jean-Luc Nancy. A la escucha. Buenos Aires, Amorrortu Editores, 2007, lk 17–18.

ne visuaalne vastukajamine loob helise-va ruumi, milles põimuvad muusikaline ja arhitektuuriline kompositsioon. Heli muutub struktuuride ülekandumise abil märkamatult mateeriaks, saavutades nii tajuanaloogia, mis saab sündida vaid vahetust dialoogist Arvo Pärdi heli puhtuse ja Nieto Sobejano geomeetriakäsitluse vahel. Hoone sees ei eksisteeri välimist ja seesmist, vaid toimub pidev vastukajamine, kus maastik võtab omakorda omaks hoone kuju.

Kompleksi kõige omapärasemates osades, kabelis ja vaatetornis, on loodud iseloomulik endassevaatav ruum. Nende ruumide mõõtmetest tekkiv suuruse või tagasihoidlikkuse tunne muudab vaikuse kogemise isiklikuks. Vaikus ei tähenda heli puudumist, vaid kõikide kogetud helide koondumist mälestustes. See on virtuaalne maastik, milles kauge ja lähedane kohtuvad mälu sügaval silmapiiril.

Nii maa ja taeva vahelise piiri vaatlemine tornist kui ka kabelisse kapseldunud aja kulgemine ergutavad tunnetust, mis asetab inimese iseendast väljapoole ja vabastab ta keha, et muuta see ümbritseva universumiga kaasa võnkuvaks kõlakastiks.

Muusik, kes kannab ette Arvo Pärdi teoseid, elab muusikas nii nagu ennustaja oma lautoga. Ta on võimeline meloodiat ühtaegu lugema, mängima ja kuulama. Samamoodi sünnib maastik elamusest, kui maastikus viibides ja seda kogedes luuakse endale sellest pilt. Maastik on pidevalt muutuv, dünaamiline nähtus, mille ilme kujuneb aktiivse kogemise käigus, kui aeg muutub ruumiks. Aistitav läheb loogikast kaugemale ja mõistmine on võimalik resonantsist sündivas teadlikkuses – teadlikkuses, mida Paul Klee pidas universumi filosoofilise nägemise tingimuseks, võimaldades vabalt luua abstraktseid vorme.[4] Neidsamu, millest moodustub iga Arvo Pärdi Keskuse osa.

Arvo Pärdi Keskuse kuulamine on ühenduses hoone nende tähendustega, mis ulatuvad silmaga nähtavast kaugemale. See võimaldab kahe epitsentri – kogemuse ja kujutatu – kohtumist, mis resonantsi kaudu teineteise poole pöörduvad, et leida sagedus, mis arhitektuuri, keha ja maastiku harmoneerib.

4
Paul Klee. Wege des Naturstudiums. – Walter Gropius, koost. Staatliches Bauhaus in Weimar 1919–1923. Weimar, München, Köln, Bauhausverlag, 1923, lk 24–25.

The number One has been given to man as a complex fraction to be operated upon. The thing is simply to reduce and discard the excess.

in principio Perc.-Plan I Satz

s. 1	Glsp.		Tamtam
2			
3		Glsp. Camp.	
4	Glsp.		gr. C.
5			
6	Glsp. Camp.		Glsp / T-T (Piatti?)
7	gr. Cassa		
8		~~Glsp.~~ Camp.	
9	Tam-Tam		
10	Camp.		
11	Glsp.	gr. Cassa	
12			glsp. / Camp.
13		Tam-Tam	piatto sospeso gr. Cassa
14	Piatto sospeso gr. Cassa & Piatti	glsp.	Camp. gr. Cassa.

perc. (I) p. sospeso. glsp. perc. (II) Campane Piatti

perc III gr. Cassa. Tam Tam

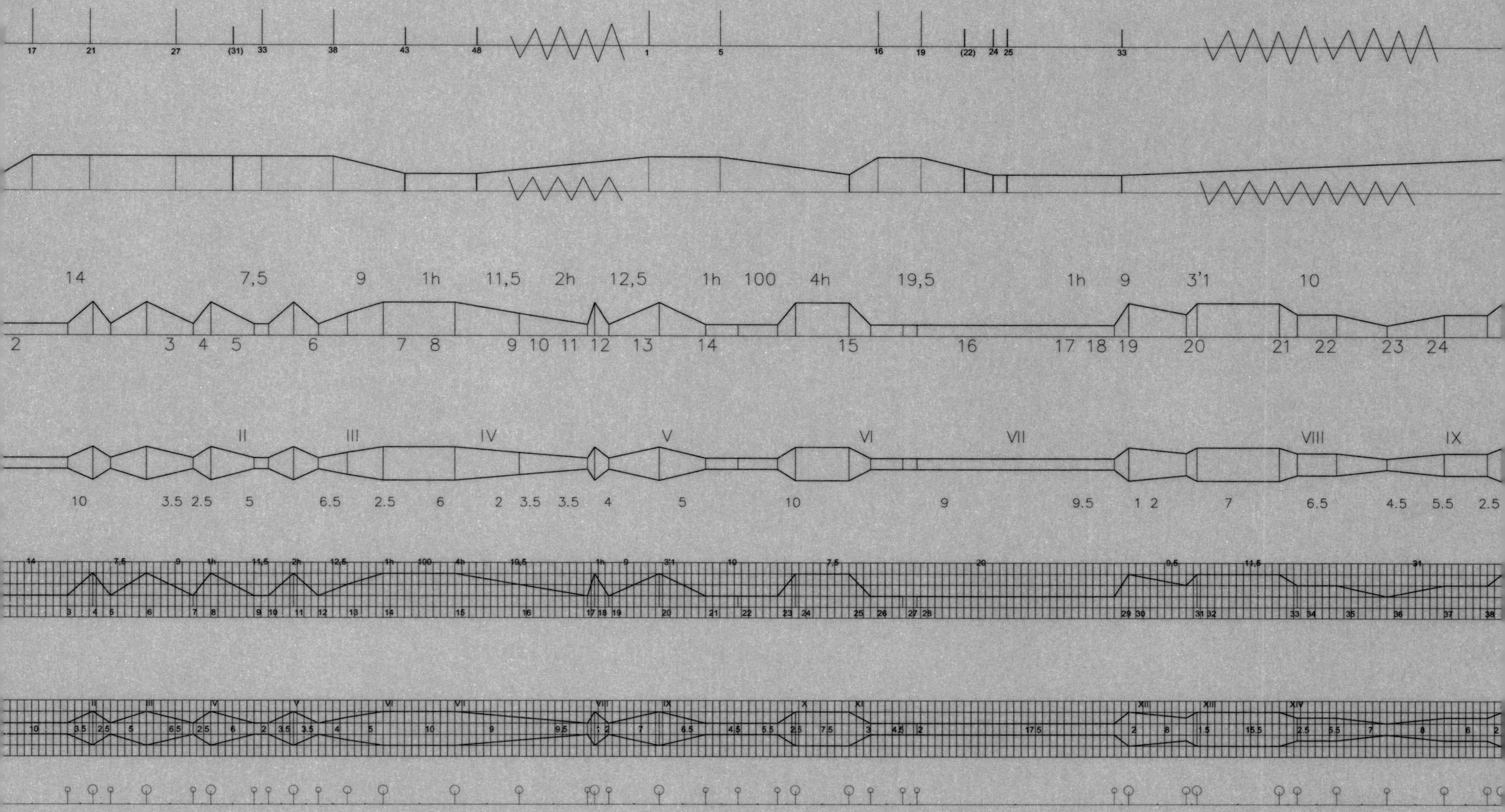

17 21 27 (31) 33 38 43 48 1 5 16 19 (22) 24 25 33
14 7,5 9 1h 11,5 2h 12,5 1h 100 4h 19,5 1h 9 3'1 10
2 3 4 5 6 7 8 9 10 11 12 13 14 15 16 17 18 19 20 21 22 23 24
II III IV V VI VII VIII IX
10 3.5 2.5 5 6.5 2.5 6 2 3.5 3.5 4 5 10 9 9.5 1 2 7 6.5 4.5 5.5 2.5

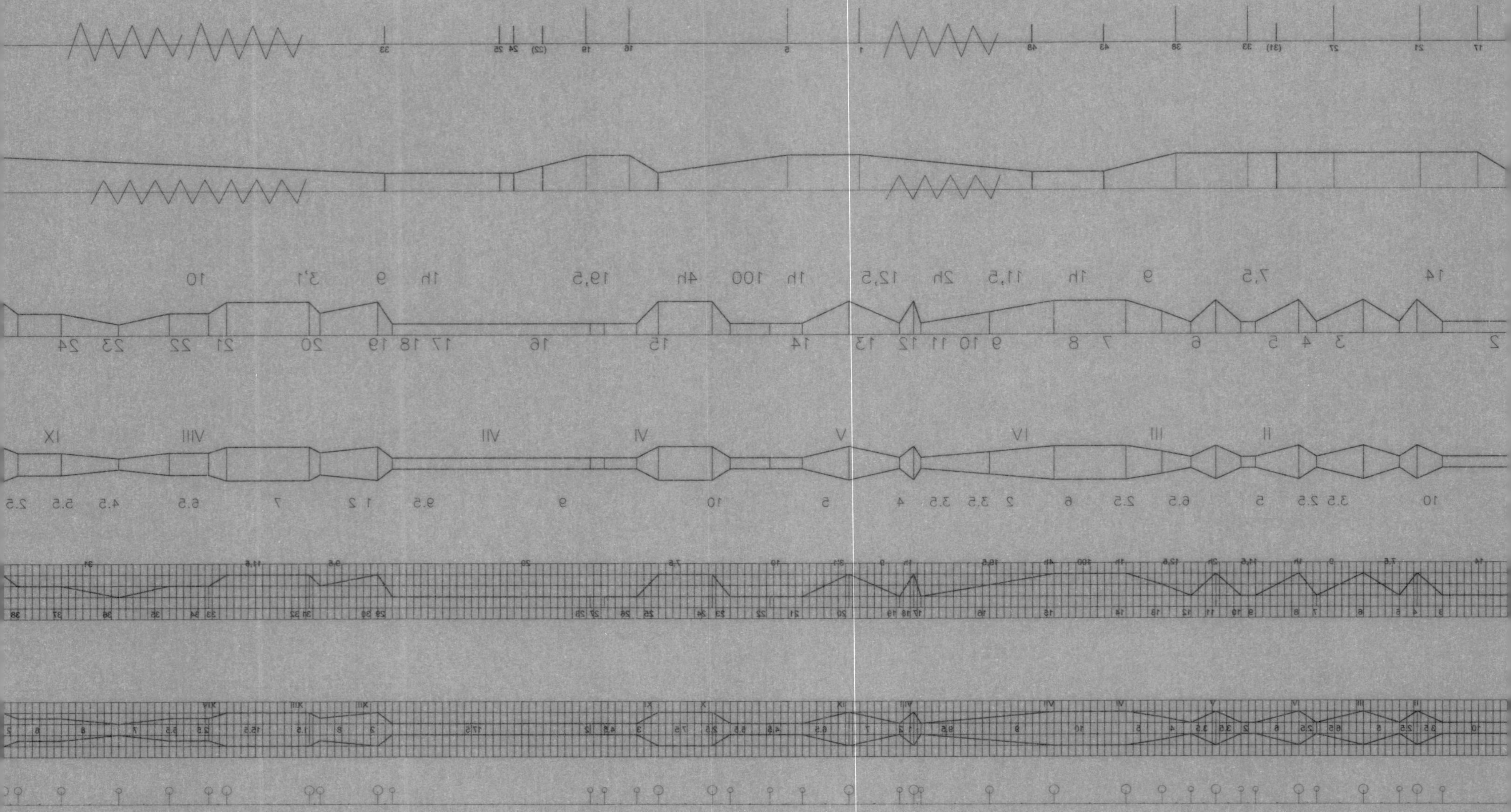

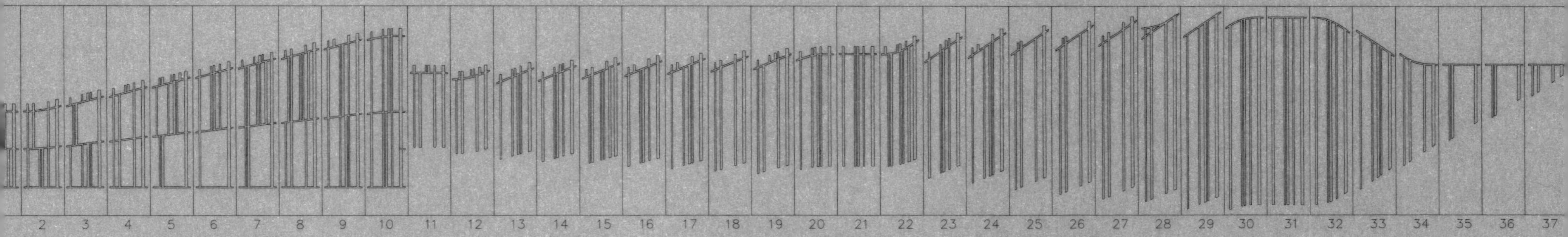
2 3 4 5 6 7 8 9 10 11 12 13 14 15 16 17 18 19 20 21 22 23 24 25 26 27 28 29 30 31 32 33 34 35 36 37

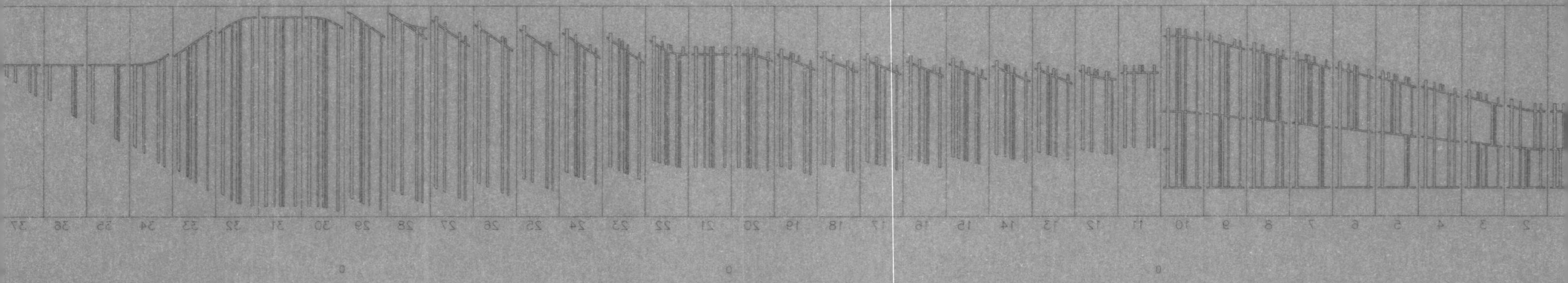

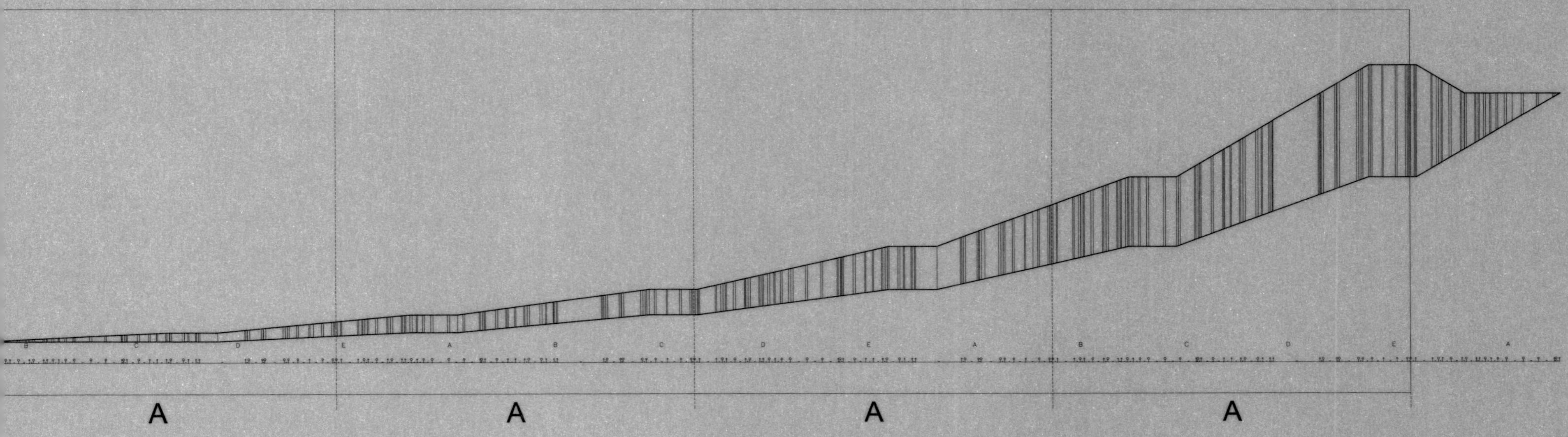
A
A
A
A

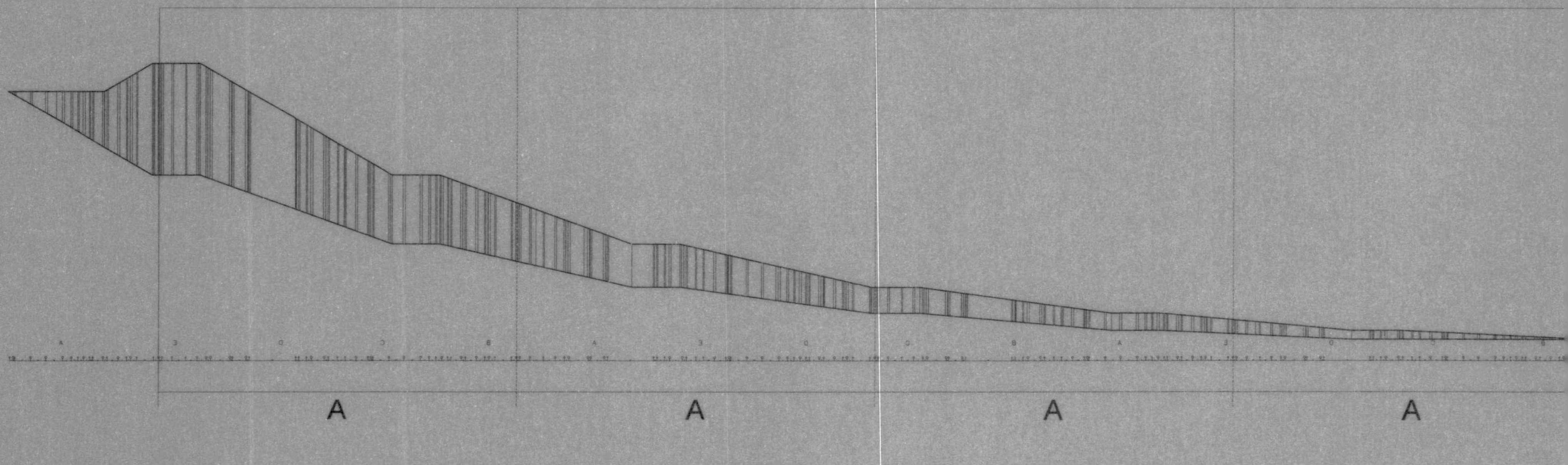
A
A
A
A

5
3
5
2
3
1
2
1

in Anmerkung Blech I Satz

Länge	6	Schläge (4 + 1,5)	5,5	T–T	1, 2
	6	(4 + 2,5)	6,5	Comp.	3
X	? ~~3~~ ~~7~~ 4		4,5	Qu. c.	4
	4		3,5	Comp	6
		6,5		T–T	7
	4		4,5	Comp	8
		6,5		Qu. C.	9
	4		3,5	Comp.	10
	2	2	2	T–T	11)
	4		4,5	Comp.	12, 13
	4		4,5	Qu. C.	13, 14
	2	2	2		14.

Arv Üks on inimestele antud äärmiselt keerulise, paljutehtelise murdarvu kujul. Kogu tarkus seisneb ainult taandamises ja üleliigse äraviskamises.

First Book / Esimene raamat: Photographs / Fotod

Index of Indexes / Indeksite indeks

Second Book / Teine raamat:
Drafts and Scores of 'In Principio' / „In principio" visandid ja partituurid

In the book the drafts and scores are not used chronologically. The composing process sequentially ordered from the first thoughts to the completed piece is the following / Visandid ja partituurid pole raamatus järjestatud kronoloogiliselt. Loomise ajaline järjestus alates esimestest mõtetest kuni teose valmimiseni on järgmine:

pp / lk 6, 15, 134, 143, 186, 195, 38, 47, 58, 67, 166, 175, 90, 99

From the archive of the Arvo Pärt Centre / Arvo Pärdi Keskuse arhiivist

Pages / Leheküljed 6, 15

Pages from draft / Leheküljed visandist, 2003, pp / lk 2, 3 Arvo Pärt Centre / Arvo Pärdi Keskus (APK 2-3.54).

Pages / Leheküljed 38, 47

Early draft of fragment from the beginning of 'In Principio' / „In principio" alguse varane visand. Musical diary / Muusikapäevik, 2002, pp / lk 30–31 Arvo Pärt Centre / Arvo Pärdi Keskus (APK 2-1.232).

Page / Lehekülg 58

Early draft of 'In Principio': harmonic plan / „In principio" varane visand: harmooniline plaan. Musical diary / Muusikapäevik, 2002, p / lk 40. Arvo Pärt Centre / Arvo Pärdi Keskus (APK 2-1.233).

Page / Lehekülg 67

Draft of key structure in the first and fifth part of 'In Principio' which passes through all twelve keys by circles of fifths / Visand helistike süsteemist „In principio" 1. ja 5. osas, mis moodustab teose vormilise raami. Harmooniline ülesehitus läbib kvindiringi kõik 12 helistikku. Draft / Visand, 2002–2003, p / lk 1 Arvo Pärt Centre / Arvo Pärdi Keskus (APK 2-3.54).

Page / Lehekülg 90

Example of handwritten score / Näide käsikirjalisest partituurist, 2003, p / lk 2 Arvo Pärt Centre / Arvo Pärdi Keskus (APK 2-2.1.152).

Page / Lehekülg 99

'In Principio' for mixed choir and orchestra, full score excerpt / „In principio" segakoorile ja orkestrile, näide trükipartituurist, 2003. Universal Edition A.G., Wien (UE 32656). – Arvo Pärt Centre / Arvo Pärdi Keskus (APK 2-2.4.18). (Reprint with kind permission from Universal Edition / Trükitud kirjastuse Universal Edition loal.)

Pages / Leheküljed 134, 143

Prologue of St John's Gospel, chapter 1, with composer's handwritten comments. This text serves as the basis to the content and structure of 'In Principio' / Johannese evangeeliumi 1. peatüki tekst helilooja märkustega, mis on „In principio" struktuuri alus. Scheme / Skeem, 2000, pp / lk 2, 4 Arvo Pärt Centre / Arvo Pärdi Keskus (APK 2-3.207).

p / lk 134 *The Holy Bible*, Eyre & Spottiswoode, London, 1987.

p / lk 143 *Nova Vulgata: Bibliorum Sacrorum Editio*, Libreria Editrice Vaticana, 1986.

Page / Lehekülg 166

Early draft of 'In Principio' / „In principio" varane visand. Musical diary / Muusikapäevik, 2002, p / lk 42 Arvo Pärt Centre / Arvo Pärdi Keskus (APK 2-1.233).

Page / Lehekülg 175

Draft of string arpeggio motif from the first part of 'In Principio' / Visand keelpillide arpedžomotiivist „In principio" 1. osas. Musical diary / Muusikapäevik, 2002, p / lk 41 Arvo Pärt Centre / Arvo Pärdi Keskus (APK 2-1.233).

Pages / Leheküljed 186, 195

Schematic of percussion cycles in the first part of 'In Principio' / Löökpillide rotatsiooni skeem „In principio" 1. osas, 2003, pp / lk 74–75 Arvo Pärt Centre / Arvo Pärdi Keskus (APK 4-1.34).

Third Book / Kolmas raamat: Quotes / Tsitaadid

Pages / Leheküljed 5, 16

I could compare my music to white light which contains all colours. Only a prism can divide the colours and make them appear; this prism could be the spirit of the listener / Ma võiksin võrrelda oma muusikat valge valgusega, mis sisaldab kõiki värve. Vaid prisma saab lahutada värvid ja muuta need nähtavaks; selleks prismaks võib olla kuulaja hing. Hermann Conen, 'White Light'. – CD booklet / CD buklet, *Arvo Pärt: Alina*, 1999. ECM New Series 1591.

Pages / Leheküljed 37, 48

Rhythm / Rütm

To me, composing is like inhaling and exhaling. It is my life / Muusika kirjutamine on minu jaoks nagu sisse- ja väljahingamine. See on mu elu. Martin Elste, 'An Interview with Arvo Pärt'. – *Fanfare*, March/April 1988, p / lk 338 (Quote edited by Arvo Pärt in 2018 / Tsitaadi on Arvo Pärt ümber sõnastanud 2018. aastal.)

Pages / Leheküljed 57, 68

Rhythm / Rütm

Two simultaneous contradictory forces – movement in stillness / Ühel ajal kaks vastandlikku jõudu – liikumine liikumatuses.

Musical diary 16 / Muusikapäevik 16, 11. XI 1976, p / lk 99 Arvo Pärt Centre / Arvo Pärdi Keskus (APK 2-1.18). (Quote edited by Arvo Pärt in 2018 / Tsitaadi on Arvo Pärt ümber sõnastanud 2018. aastal.)

Pages / Leheküljed 89, 100

Harmony / Kooskõla

Every link in the chain must breathe. To love all links equally: that is music / Iga lüli peab hingama. Armastada kõiki lülisid võrdselt – see ongi muusika.

Musical diary 4 / Muusikapäevik 4, 10. XI 1975, p / lk 56 Arvo Pärt Centre / Arvo Pärdi Keskus (APK 2-1.5).

Pages / Leheküljed 133, 144

Logos / Logos

'In the beginning was the Word' truly lies at the heart of it all, because without the Word, nothing would exist. I believe that this idea should be translated not only into our words, but also into every note, every thought, every stone / „Alguses oli Sõna" on tõepoolest kõigele südameks, sest ilma selle Sõnata ei eksisteeriks midagi. Ma usun, et seda ideed ei tule mitte üksnes meie sõnadesse tõlkida, vaid ka igasse nooti, igasse mõttesse, igasse kivisse.

Enzo Restagno, 'Vestlused Arvo Pärdiga'. – Enzo Restagno, ed. / koost. *Arvo Pärt peeglis. Vestlused, esseed ja artiklid.* Tallinn, Eesti Entsüklopeediakirjastus, 2004, p / lk 96

Pages / Leheküljed 165, 176

Silence / Vaikus

Silence, to the composer, is like a clean canvas to a painter, or blank white paper to a poet. *Tabula rasa* / Helilooja jaoks on vaikus nagu maalikunstnikule puhas lõuend või poeedile puhas valge paberileht. *Tabula rasa*.

Tom Huizenga, 'The Silence and Awe of Arvo Pärt'. – NPR Music, 2 June 2014.

Pages / Leheküljed 185, 196

The number One has been given to man as a complex fraction to be operated upon. The thing is simply to reduce and discard the excess / Arv Üks on inimestele antud äärmiselt keerulise, paljutehtelise murdarvu kujul. Kogu tarkus seisneb ainult taandamises ja üleliigse äraviskamises.

Ivalo Randalu, 'Looming ja aeg'. – Eesti Raadio, 10 September 1968.

Fourth Book / Neljas raamat: Architectural Drawings / Arhitektuursed joonised

Chapel / Kabel:

Chapel front elevation / Kabeli eestvaade, p / lk 135

Chapel cross section / Kabeli ristlõige, p / lk 137

Chapel plan / Kabeli plaan, p / lk 139

Chapel longitudinal section / Kabeli pikilõige, p / lk 141

Tower / Torn:

Tower plans / Torni plaanid, p / lk 167

Tower section / Torni lõige, p / lk 169

Development of the tower exterior structure / Torni välisstruktuur, p / lk 171

Tower helical development / Torni spiraalne struktuur, p / lk 173

Tower proportions study / Torni proportsioonide analüüs:

Free architectural representation of one of Arvo Pärt's compositions / Ühe Arvo Pärdi teose vaba arhitektuurne tõlgendus, p / lk 187

Tower exterior structure modules / Torni välise struktuuri moodulid, p / lk 189

Tower helical development proportion and modules study / Torni spiraalse osa proportsiooni ja moodulite analüüs, p / lk 191

Tower elevation proportion study / Torni vaate proportsiooni analüüs, p / lk 193

Cover illustration / Kaanejoonis:

Laulasmaa forest pine trees location plan / Laulasmaa mändide asukoha plaan

Fifth Book / Viies raamat: Essays / Esseed

Nieto Sobejano Arquitectos Team / Nieto Sobejano Arquitectose meeskond

Acknowledgements / Tänusõnad

Architects / Arhitektid: Fuensanta Nieto, Enrique Sobejano

Project Architect / Projekti arhitekt: Alexandra Sobral

Project Team / Projekti meeskond: Simone Lorenzon, Covadonga Blasco, Pablo Gómez, Víctor Mascato, Michele Versaci, Adrián Rodríguez

Competition Team / Võistlustöö meeskond: Alfredo Baladrón, Víctor Esquivel, Víctor Mascato, Juan Carlos Redondo, Paolo Russo, Evelina Vasiliauskaite

Lighting Consultant / Valgustuse konsultant: Ignacio Valero

Acoustic Consultant / Akustika konsultant: Arau Acústica

Models / Maketid: Nieto Sobejano Arquitectos, METRICAmínima SLL

Photographs / Fotod: Diego Hernández (models / maketid), Roland Halbe

www.nietosobejano.com

Arvo Pärt Centre / Arvo Pärdi Keskus

Chairman of the Council / Nõukogu esimees: Michael Pärt

Council / Nõukogu: Immanuel Pärt, Nora Pärt, Hillar Sein, Indrek Laul, Liivika Simmul, Peter Gartiser

Artistic Advisers / Loomenõukogu: Astrid Koblanck, Eric Marinitsch, Esa-Pekka Salonen, Gerhard Richter, Gidon Kremer, Liivika Simmul, Manfred Eicher, Mikko Fritze, Paavo Järvi, Peter Bouteneff, Peter Gartiser, Tauri Tölpt, Toomas Hendrik Ilves, Toomas Siitan, Tõnu Kaljuste

Managing Director / Tegevjuht: Anu Kivilo

Team / Meeskond: Aile Tooming, Anneli Kivisiv, Ardo Västrik, Hele-Mai Poobus, Indra Jõgis, Kai Kutman, Karin Kopra, Kristina Kõrver, Maarja Tyler, Nele Meikar, Paula Fritze, Reeli Lonks, Riin Eensalu, Saara Laurik, Sandra Perens, Tiit Poller, Toomas Schvak

Architectural Competition, Consulting / Arhitektuurivõistlus, nõuandjad

Preliminary Architectural Advisor / Arhitektuurinõunik: Andres Kurg

Architecture Competition Partner / Arhitektuurivõistluse korraldaja: Union of Estonian Architects / Eesti Arhitektide Liit: Ingrid Mald, Ingrid Kormašov, Veljo Kaasik

Architecture Competition Chairman of the Jury / Arhitektuurivõistluse žürii esimees: Michael Pärt (Chairman of the Council, Arvo Pärt Centre / Nõukogu esimees, Arvo Pärdi Keskus)

Architecture Competition Jury / Arhitektuurivõistluse žürii: Sou Fujimoto (Architect / arhitekt, Sou Fujimoto Architects, Japan), Madis Kolk (Senior Producer / peaprodutsent, State Concert Institute / Eesti Kontsert), Peeter Pere (Architect / arhitekt), Ra Luhse (Architect / arhitekt), Peep Jänes (Architect / arhitekt), Kadri Tillemann (Chairman of the Council of Keila Rural Municipality Government / Keila vallavolikogu esimees), Andres Kurg (Art Historian / arhitektuuriajaloolane, Estonian Academy of Arts / Eesti Kunstiakadeemia), Indrek Kukk (Attorney / advokaat)

Consultants / Nõuandjad: Aivar Mäe, Tõnu Maripuu, Kadri Pukk

Associated Architects, Estonia / Partnerarhitektid Eestis: Ra Luhse, Angela Talumets, Kristiine Kurro, Tanel Teder, Tanel Tuhal (Luhse & Tuhal Architects / Arhitektuuribüroo Luhse ja Tuhal)

Acoustics / Akustika: Higini Arau (Arau Acustica), Linda Madalik

Construction Supervision / Ehitusjärelevalve:
Kai Nigul, Madis Arro, Oliver Napits, Sulev Lepp, Tarmo Lüll (Telora)

Principal Contractor Ehitustrust / Ehituse peatöövõtja Ehitustrust: Kalev Kase, Kaido Somelar, Jaano Tootsi, Heinrich Kolnes, Külliki Margna, Eerik Staškevitš, Alar Jõgi, Marko Raudsik, Edvard Narits, Aivar Kilgast, Hanno Vahtla

Principal Contractors / Koostööpartnerid: Albert Rodin, Teet Tark (Hevac), Aleksander Kartul, Andrus Arba (Eventech), Andres Hirve (Pike), Angelica Udeküll (Wicca), Katrin Baumann (FE Arhitektid), Piret Müüripeal (Müüripeal OÜ), Urmas Leppik (Rausi)

Building Sub-Contractors / Ehituse alltöövõtjad: Aavo Kiisk (Retlar), Aavo Pilberg (Katusefirma), Andrus Pung (Teket AP), Armand Kaber (Warmeco), Eerik Laid (Ecomatic), Eero Kikerpill (Feliton Grupp), Enno Abel (Formet-Lift), Erki Veski, Kati Veski (Maastikuehitus), Eriks Strazds (AEK Kliima), Georgi Krõlov (Lumhold), Indrek Koppel (Kore Invest), Kaspar Käärmann (Lae Expert), Lauri Pihu (Lukuservice), Lembit Kahu (SLG), Marek Suursalu (Emero Wall), Margus Peterson (Terasteenus & Partnerid), Margus Roosi (Eltolex), Marius Vahter (Ait-Nord), Marko Seli (Selko Security), Martin Kapp (Arkadel Klaas), Mati Sirkel, Sven Kooli (Sirkel Fabrics), Mirjam Karu (Metos), Peeter Kärp (Eksklusiivehitus), Quinita Cotorruelo (Minim Furniture & Premium Kitchens Madrid S.L.), Raido Graverson (Biohouse Eesti), Raivo Konso (RK Keila Puurtööd), Raul Talumaa (T-Tammer), Remo Veidenbaum (Rosin Ehitus), Silver Tiido (Puller Projekt), Sven Luuk (Nordecon Betoon), Tarmo Eerik (Eesti Puurkaev), Tiit Eskel (Mikrovai), Timo Rosin (Rosin Ehitus), Toomas Treufeldt (Raunopol), Tormi Tuvi (Raidkivi), Urmas Jool (EG Ehitus), Ville Ilves (Plekiässad), Ville Timmi (Villest), Ülari Randmer (Iron Service)

Chapel Murals / Kabeli seinamaalingud: Nikita Andrejev

Exhibition / Näitus: Alfred Vassilkov, Alissa Vassilkova, Karl Koort (Estelon), Jaan Tootsen, Jaak Kilmi (Aadam ja Pojad), Mark Baranin, Toomas Kants, Monika Kirsipuu, Peeter Mikk, Vasileios Kalamas, Siim Tänav, Kaspar Jegorov (TM Development), Aleksei Saks, Erika Saks, Jüri Lõun, Sigrid Randoja, Imre Malva, Jekaterina Vetrova (Pult), Sten Nõmm (Linex), Ragnar Voolaine, Kaupo Kask (Red Hat), Florian Wiencek, Kasra Seirafi, Markus Passecker (Fluxguide), Tiina Vilu, Külli Tüli (Raadioteater), Yaohan Yang (Devialet), Lauri Lenk (L-Disain), Tarvo Paumverk, Jaanus Kasema (Retlar), Tõnis Lukas, Kristjan Raba, Kristiina Piirisild (ERM), Angelika Schneider, Indrek Sammul, Benjamin Kirk, Rain Simmul, Immanuel Pärt, Adam Cullen, Marrit Andrejeva, Nikita Andrejev, Doug Maskew

Digital Archive and Website / Digiarhiiv ja veebileht: Anne-Ly Nguyen, Margus Eha (Opus), Kaupo Kõrv (Haiku), Jaanus Jõgisu, Rein Urm (Telia), Martin Sookael

Supporters / Toetajad

Reet ja Väino Kaldoja (Silberauto), Manfred Eicher (ECM Records), Alfred Vassilkov, Alissa Vassilkova, Karl Koort (Estelon), Martin Kruus (Nelja Energia), Peeter Kutman, Sten Luiga, Viive Kaur (Law Firm / Advokaadibüroo Cobalt), Ranno Tingas, Ivar Kiigemägi (Ernst & Young), Indrek Laul (Estonia Klaverivabrik), Indrek Kasela (PRFoods), Tõnu Steinberg, Ando Saar (TallinnHotels), Killu Maidla (My City Hotel), Irene Sulger (GoBus), Andres Torilo, Aivar Berzin, Hannes Tamjärv, Kalle Kiigske, Epp Sonin, Maarja ja Indrek Neivelt, Monica ja Ott Kaukver

Many thanks to all the people and organisations who have helped to found the Centre / Suur tänu kõikidele inimestele ja organisatsioonidele, kes on aidanud toetada keskuse sündi:

Presidents of the Republic of Estonia / Eesti Vabariigi presidendid Toomas Hendrik Ilves, Kersti Kaljulaid; Prime Ministers / Peaministrid Andrus Ansip, Taavi Rõivas, Jüri Ratas; Ministers of Culture / Kultuuriministrid Laine Randjärv, Rein Lang, Urve Tiidus, Indrek Saar, Tõnis Lukas; Secretary Generals at the Ministry of Culture / Kultuuriministeeriumi kantslerid Siim Sukles, Paavo Nõgene, Tarvi Sits; EV100

Estonian Theatre and Music Museum / Eesti Teatri- ja Muusikamuuseum, Estonian Public Broadcasting / Eesti Rahvusringhääling, Estonian Philharmonic Chamber Choir / Eesti Filharmoonia Kammerkoor, Tallinn Chamber Orchestra / Tallinna Kammerorkester, Vox Clamantis, Estonian National Symphony Orchestra / Eesti Riiklik Sümfooniaorkester, Translation agency / Tõlkebüroo Refiner, Adam Cullen, Aigi Habicht, Aive Sarapuu, Aleksandra Dolgopolova, Angela Pechter, Annika Kuuda, Anna Gincherman, Birgit Püve, Christian Meyer, Christopher Helbig, Daniel Vaarik, Deanna Rodriguez, Dorian Supin, Doug Maskew, Eero Raun, Ellena E. Fotinatos, Elina Kaasik, Ene Kangron, Eneli Meresmaa, Erika Elissaar, Ester Pomerants, Eve-Liis Kukk, Evelin Ilves, Friedrich Kuhn, Ferne Mele, Grete Vellend, Hanna Schutting, Hedi Rosma, Heinz Zimmer, Hele-Maria Kangro, Helge Saks, Heli Pikk, Hestia Rindla, Indrek Nõu, Indrek Sammul, Inge Raudsepp, Jaan-Eik Tulve, Jaan Kaplinski, Jaanus Kann, Jaanus Kõiv, Jane Makke, Janek Reimal, Janne Andresoo, Janne Fridolin, Joonas Hellerma, Joonas Sildre, Jorma Sarv, Jüri Hargel, Kaarel Kuurmaa, Kadi Mälton, Kadri Hunt, Kadri Kanter, Kadri Kutsar, Kai Moiser, Kaido Kelder, Kaire Maimets, Kalev Käosaar, Karin Laansoo, Katre Riisalu, Katrin Vende, Kaupo Kikkas, Krista Mits, Krista Peek, Kristel Veimann, Kristi Jõeäär, Kristi Liiva, Kurt Rudolf Schwarz, Kätlin Trepp, Lembit Peterson, Liina Olmaru, Liina Vilgats, Liis Mätlik, Maaja Rumessen, Maarja Kasema, Maarja Loorents, Mall Hellam, Madis Kolk, Malle Maltis, Markus Oder, Marika Koha, Marika Põldma, Marius Peterson, Mart Einpalu, Mart Kessel Otsa, Michael Haagensen, Norbert Lammert, Olga Temnikova, Peeter Sarapuu, Piret Arikainen, Pirjo Kullerkupp, Rain Simmul, Reet Remmel, Reet Sokmann, Renos Papadopoulos, Riho Saard, Riin Olonen, Rob Bowden, Ruth Tiider, Ruti Einpalu, Saale Kareda, Shannon St. John, Steven Holl, Tanel Klesment, Tea Trahov, Tiina Hirvoja, Tiiu Valper, Ilona Schmiel, Father/isa Toomas Hirvoja, Tõnu Tunnel, Tõnu Tormis, Ulvi Pechter, Ülle Krabo, Ülo Pikkov, Vambola Krigul, Viive Valper, Viljar Vissel

Imprint / Trükiandmed

Concept / Idee: Covadonga Blasco Veganzones, Fuensanta Nieto, Enrique Sobejano, Michael Pärt
Editor / Toimetaja: Michael Pärt
Graphic Design / Kujundaja: Angelika Schneider
Project Management / Projektijuhid: Covadonga Blasco Veganzones, Paula Fritze, Nele Meikar
English Copyediting / Keeletoimetaja (inglise keel): Claire Cichy
Estonian Copyediting / Keeletoimetajad (eesti keel): Aile Tooming, Kai Kutman
Translations / Tõlked: Marrit Andrejeva (pp / lk 25–26, 28, 53–54, 105–107, 151–152), Klaarika Kaldjärv (pp / lk 181–182), Joonas Kiik (pp / lk 81–82)
Translation Consultant / Tõlgete konsultant: Triin Ojari (pp / lk 81–82, 181–182)
Special Thanks / Eriline tänu: Marrit Andrejeva ja Nikita Andrejev, Paula Fritze, Mikko Fritze
Printing, Binding and Reproductions / Trükikoda: DZA Druckerei zu Altenburg GmbH

SA Arvo Pärdi Keskus
Kellasalu tee 3, Laulasmaa
76702 Lääne-Harju vald, Harjumaa, Eesti
www.arvopart.ee

ArchiTangle GmbH
Meierottostraße 1
10719 Berlin, Germany
www.architangle.com

ISBN 978-3-96680-003-7

ARVO PÄRT CENTRE

Arvo Pärt Centre & Nieto Sobejano Arquitectos

Ein gemeinsamer Nenner
Un denominador común

Deutsch
Español

ARCHI TANGLE

Inhalt

Contenido

Ein gemeinsamer Nenner: Das Arvo-Pärt-Zentrum und Nieto Sobejano Arquitectos

Michael Pärt

Die Welt, in der wir leben, ist voller verborgener Muster, die in der Evolution der Welt schon immer eine wichtige Rolle gespielt haben. Wenn wir uns dem Organischen zuwenden – seien es Pflanzen, Tiere oder das menschliche Leben –, offenbart sich uns eine Welt voller Muster und Rhythmen. Einige davon sind einzigartig, andere repetitiv und symmetrisch. Man könnte darlegen, dass die Geschichte der Evolution eine ausgeprägte mathematische Klarheit sichtbar gemacht und damit eine universelle Gleichheit in unserer gesamten natürlichen Welt festgelegt hat – angefangen beim simplen Einzeller bis hin zum hochkomplexen menschlichen Gehirn.

Der im zwanzigsten Jahrhundert wirkende Philosoph und Mathematiker Bertrand Russel war der Ansicht, dass die Mathematik, richtig betrachtet, nicht nur Wahrheit, sondern auch eine höhere Schönheit, eine kalte und asketische Schönheit, verkörpere. Gilt diese Idee auch für die Extreme der Unendlichkeit? Dem griechischen Philosophen Zenon von Elea (5. Jh. v. Chr.) wird das Konzept der „Paradoxien der Unendlichkeit" zugeschrieben, einem Prozess, bei dem eine Aussage widerlegt wird, indem man ihre Absurdität im Kontext der Unendlichkeit beweist. Wir können es in einem seiner bekanntesten Paradoxa erkennen, bei dem Achilles nicht in der Lage ist, die langsame Schildkröte zu überholen. Auch wenn die Mathematik dieses Rätsel natürlich längst gelöst hat, zeigt die Beschäftigung mit diesem antiken Paradoxon die menschliche Herausforderung, das Paradoxon der Unendlichkeit zu begreifen: Wie kann der Mensch, ohne den Weg der Logik zu beschreiten, einen Ausgang aus der Unbegrenztheit der Unendlichkeit finden?

Vielleicht kann eine theologische Perspektive eine Antwort bieten, denn die Andersartigkeit Gottes bringt mit sich eine frische Dimension kreativer Freiheit als Gegensatz zu unendlicher Quantität. Dies führt zu einem Konzept, das keine Zwänge kennt und eine bedeutende Rolle bei der Geburt von Ideen in Musik und Architektur spielt. Damit ist das Momentum des Urknalls möglich – also der Raum und die Zeit, in der sich ein kreativer Impuls aus unendlichen Möglichkeiten zu einer konkreten Idee formt.

Wo treffen sich die Perspektiven von Natur, Wissenschaft und Theologie? Diesen Punkt der Konvergenz finden wir in Arvo Pärts Dankesrede für den Brückepreis im Jahre 2007:

> *Versuchen wir, eine Menschenseele quasi unter einem solchen Mikroskop zu beobachten, wobei wir nach und nach den Grad der Vergrößerung erhöhen. Wir werden Zeuge sein, wie alle äußeren Merkmale eines Menschen mit allseinen Besonderheiten, seinen Schwächen und Tugenden im Verlauf der zunehmenden Vergrößerung mehr und mehr aus dem Bild verschwinden. Es wird wie ein endloser Verkürzungsprozess sein, der uns in die Richtung des Wesentlichen führt. Hinter uns lassen wir auf dieser „Reise ins Innere" auch jeden gesellschaftlichen, kulturellen, politischen und religiösen Kontext. Am Ende gelangen wir zu einem netzartigen Grundmuster. Man könnte es vielleicht als „menschliche Geometrie" bezeichnen, klar geordnet, ruhig geformt – vor allem aber schön. In dieser Tiefe sind wir uns alle so ähnlich, dass wir in jedem anderen uns selbst erkennen könnten.*

Die Abwesenheit von Zwang erlaubt es uns, innerhalb der natürlichen Welt durch die paradoxen Grenzen der Unendlichkeit zu stoßen. Der Prozess der Reduktion erlaubt uns, in die menschliche Seele und ihre höhere innere Schönheit zu blicken. Wir sehen darin das Allumfassende und den Keim des Zusammenlebens der Menschheit. Wir erreichen einen Ort menschlicher Sehnsucht – den Ausgangspunkt inneren Wachstums – und gelangen auf diese Weise zum Ursprung des natürlichen Zusammenwirkens vieler Disziplinen. Ungeachtet ob wir dorthin auf physischem oder metaphysischem Wege gelangen: Wir finden einen gemeinsamen Nenner.

Danksagung

An dieser Stelle möchte ich die verantwortlichen Architekten, Fuensanta Nieto und Enrique Sobejano hervorheben, denen ich unsere Bewunderung und Dankbarkeit zum Ausdruck bringen möchte, gemeinsam mit meinen Eltern Arvo und Nora Pärt, wie auch dem ganzen Team des Arvo-Pärt-Zentrums. Es war eine Zusammenarbeit voller kreativer Erfüllung ohne künstlerische Kompromisse. Ja, es gab Rückschläge und Tränen, doch es lag immer eine einfallsreiche Antwort zur Hand.

Ich möchte unsere Anerkennung ebenfalls den erweiterten Teams der Architekten in Spanien und Estland zukommen lassen und natürlich unserem Bauherrn Ehitustrust. Nur durch die gemeinsame Anstrengung der vielen Beteiligten konnte dieser neue Ort – das Arvo-Pärt-Zentrum in Laulasmaa, Estland – geschaffen werden.

Am Ende möchte ich zwei langjährigen Unterstützern des Arvo-Pärt-Zentrums danken, Reet und Väino Kaldoja. Mit ihrem Beitrag und ihrer Geduld konnten wir viele Initiativen umsetzen, unter anderen diese Veröffentlichung.

Verzeichnis: Wie dieses Buch zu lesen ist

Fuensanta Nieto, Enrique Sobejano und Michael Pärt

Gewissermaßen besteht dieses Buch aus vielen Büchern. Genau genommen sind es fünf Bücher in einem.

Das erste Buch nimmt den Leser mit auf eine Reise durch das Innere des Arvo-Pärt-Zentrums. Fotografien von Laulasmaas Kiefernlandschaft bilden den Beginn des Rundgangs. Von dort nähert sich der Leser langsam dem Gebäude, um dann die Innenräume des Hauptgebäudes entdecken zu können. Anschließend folgen die Kapelle und die visuellen und geometrischen fünfeckigen Elemente des Turms sowie der Innenhöfe.

Das zweite Buch ist ein Buch der Worte. Es enthält Zitate aus Arvo Pärts Musiktagebüchern, die in einer konzeptionellen Beziehung zum Kern der vorliegenden Publikation stehen.

Das dritte Buch besteht aus Fragmenten handschriftlicher und gedruckter Materialien aus der Partitur von Arvo Pärts „In Principio". Dieses Werk basiert auf den vierzehn Psalmen des ersten Kapitels im Prolog des Johannesevangeliums, „In principio erat verbum" (Am Anfang war das Wort). Wie bei vielen Kompositionen Pärts leitet sich auch hier die musikalische Struktur von den lateinischen Texten ab. Das Werk ist eine fünfteilige Komposition: Der erste und der fünfte Teil bilden zwei sich kontrastierende Elemente: ein statischer, in Silben artikulierter Akkord vom Chor und dem entgegengesetzt eine Klangfarbe und ein Ton eines fanfarenähnlichen Bläsermotivs. Diese durchlaufen alle zwölf Durtonarten mit ansteigender Dynamik sowie den Diapason und symbolisieren die Erschaffung des Wortes zum Anbeginn.

Das vierte Buch ist ein Skizzenbuch. Es enthält eine grafische Beschreibung des gesamten Projekts aus architektonischer Sicht. Grundrisse, Schnitte, Ansichten, Strukturschemata der Landschaftsplanung, des Hauptgebäudes, des Turms und der Kapelle vermitteln technische Details sowie die räumlichen Proportionen des Arvo-Pärt-Zentrums.

Im fünften Buch wird dem Leser ein umfassender Einblick in die in diesem Buch behandelten Themen gewährt, mit Texten von Michael Pärt, Fuensanta Nieto und Enrique Sobejano, Kristina Kõrver, Nikita Andrejev und Covadonga Blasco Veganzones. Die Autoren beschreiben die Reise aus fünf Blickwinkeln – die Entstehung des Arvo-Pärt-Zentrums, die Architektur, die Musik Arvo Pärts, die Kapelle und deren umliegende Landschaft.

Auch im Kontext dieses Verzeichnisses kann die Nummer fünf als ein gemeinsamer Nenner betrachtet werden. Durch diese innere Harmonie geleitet gliedern fünf Worte die fünf zuvor vorgestellten Bücher in eine sich mischende und überlagernde Struktur mit offenem Ende. Rhythmus, Harmonie, Licht, Logos und Stille sind die fünf Schlüsselworte, die den Leser einladen, frei von Vorgaben die Brücke aus Resonanz und Symbolik zwischen der Musik von Arvo Pärt und der Architektur von Fuensanta Nieto und Enrique Sobejano zu entdecken.

Am Ende des Bandes ermöglicht das „Verzeichnis der Verzeichnisse" ein spezifisch korreliertes Lesen jedes der fünf Bücher.

Die Entstehungsgeschichte des Arvo-Pärt-Zentrums

Michael Pärt

Es wird ungefähr 2002 gewesen sein, als wir zum ersten Mal mit unseren Eltern über die Bewahrung des künstlerischen Erbes meines Vaters sprachen. In der Zeit, als meine Eltern noch in Berlin lebten, hatten sich über Jahrzehnte hinweg viele Unterlagen angesammelt; und ständig kam Neues hinzu – von Musiktagebüchern, Skizzen und Handschriften über Fotografien, Tonaufnahmen, Korrespondenz sowie zahlreiches weiteres Archivmaterial.

Mit dem Material wuchsen aber auch die Bedenken, was aus all dem mal werden sollte? So fanden wir uns auf der Suche nach Institutionen und Stiftungen, die uns dabei helfen konnten, die vorhandenen Hinterlassenschaften zu archivieren. Bald verlagerte sich unsere Aufmerksamkeit auf den Inhalt des Archivs – da jedoch mit der Erstellung eines Archivs normalerweise dann begonnen wird, wenn eine Sammlung vollständig ist, mussten wir die Arbeit aus der entgegengesetzten Richtung angehen. Wir begriffen, dass es eine notwendige Voraussetzung für das Systematisieren des Materials war, während des gesamten Prozesses uneingeschränkt und kontinuierlich auf das Archiv zugreifen zu können. Denn uns war klar, was wir wollten: ein Umfeld zu schaffen, das einen Rahmen der Zusammenarbeit bilden würde, an dem meine Eltern beteiligt sein könnten, um den bereits vorhandenen Materialien einen persönlichen, historischen und musikalischen Hintergrund zu verleihen und dazu Kommentare und Erinnerungen meines Vaters in seiner Muttersprache aufzuzeichnen.

So nahm unsere Familieninitiative ihren Anfang. 2010 gründeten wir die Stiftung Arvo-Pärt-Zentrum und brachten das ganze Archivmaterial von Deutschland nach Estland. Das Ziel war Laulasmaa, 35 Kilometer westlich von Tallinn, wo das Zuhause meiner Eltern ist. Wir nahmen uns vor, die Arbeit Schritt für Schritt anzugehen, und begannen zunächst mit der Systematisierung des Archivs. Gleichzeitig nahmen wir Kontakt zu anderen Zentren, Konzertsälen und Musikinstitutionen von Komponisten auf, um eine bessere Vorstellung davon zu bekommen, was in diesem für uns neuen Bereich bereits vollbracht worden war. Im Arnold Schönberg Center in Wien und in der Britten-Pears Foundation in Aldeburgh fanden wir Akteure, deren Schaffen mit unserem Wirken auf einer Linie lag. In der Zeit, als unsere Initiative noch von meinen Eltern selbst finanziert wurde, begann unser Team zu wachsen: Nach und nach kamen eine Archivarin sowie mehrere Musikwissenschaftler und weitere Mitarbeiter hinzu.

Im folgenden Jahr begann der estnische Staat, dem Unterfangen unter die Arme zu greifen und die Erhaltung des Erbes meines Vaters durch regelmäßige Finanzierungen zu unterstützen. Dies beschleunigte unsere Arbeit noch weiter: Neben der Beschäftigung mit weiteren Themen konnten wir uns jetzt mehr den Fragen widmen, worauf der ursprüngliche Schaffensimpuls zurückgeht: Wie ein Werk entsteht, wie es sich auf den Text bezieht, für wen und mit welchen Kompositionsmethoden es geschaffen ist. Wir konnten uns auf die Nuancen konzentrieren, die Arvo Pärts kreativen Fingerabdruck ausmachen.

Es wurde schnell klar, dass die Einordnung und Systematisierung der tieferen Zusammenhänge und Hintergründe von Kompositionen eine grenzenlose Aufgabe ist und die Arbeit daran Jahrzehnte dauern kann. Da wir aber auch Neues aufnehmen und nach außen wirken wollten, erkannten wir, dass die Errichtung einer Institution in Form eines physischen Zentrums der beste Weg war, das Erbe langfristig zu bewahren. Der damalige Präsident der Republik Estland, Toomas Hendrik Ilves, unterstützte tatkräftig die Bemühungen, unsere Arbeit einem breiteren Publikum bekanntzumachen. So sollte die politische und finanzielle staatliche Unterstützung zu der Errichtung eines neuen Gebäudes führen: für das Archiv und die Unterbringung der Aktivitäten für die Öffentlichkeit – von Bildungs- und Forschungsprogrammen bis hin zu Konzerten.

Von da an kam zu der täglichen Archivarbeit auch all das hinzu, was mit der architektonischen Planung, der Projektierung und dem Bau des Arvo-Pärt-Zentrums zusammenhing. 2014 schrieben wir gemeinsam mit dem estnischen Architektenverband einen Architekturwettbewerb aus, den die spanischen Architekten Fuensanta Nieto und Enrique Sobejano (Nieto Sobejano Arquitectos) gewannen. Inspiriert von der Stille und Geometrie der Musik Arvo Pärts folgt die Lösung der beiden Architekten dem Prinzip eines einheitlichen Innenraums mit fließenden Übergängen. Die fünfeckigen Innenhöfe, die auch Licht in das Innere des Gebäudes bringen, verleihen ihm seinen einzigartigen geometrischen Charakter. Planung, Durchführung der Ausschreibungen und der Bau des Zentrums dauerten insgesamt vier Jahre.

Am 13. Oktober 2018 schloss sich der Kreis und ein Kapitel ging zu Ende: Das Arvo-Pärt-Zentrum, das neue Zuhause des kreativen Erbes des Komponisten, öffnete seine Türen für die Öffentlichkeit. Das gesamte Archiv befindet sich jetzt an einem Ort. Gestützt durch die weiteren Aktivitäten des Zentrums bildet dieser Ort eine Brücke zwischen Generationen, Kulturen und Religionen.

Da jedem Ende auch ein Anfang innewohnt, kann nun das nächste Kapitel begonnen werden ...

Die Architektur: Raumgewordener Klang

Fuensanta Nieto, Enrique Sobejano

Wenn wir der Musik von Arvo Pärt lauschen, haben wir immer wieder das besondere Gefühl, in einen tiefen, kontinuierlichen architektonischen Raum einzutauchen, wobei Stille, Rhythmus und Harmonie Begriffe sind, die nicht nur die Struktur einer musikalischen Komposition, sondern auch die ganz persönliche Wahrnehmung eines imaginierten Raumes beschreiben. Dabei sind wir uns darüber im Klaren, dass die direkte Übertragung von Musik in Architektur ein vergebliches Unterfangen ist, so als würde man behaupten, dass ein Gebäude die tatsächliche Umsetzung einer Symphonie sei oder die Zeichnungen zu einem Projekt den Notationen einer Partitur entsprächen. Der Bau des Arvo-Pärt-Zentrums entstand vielmehr als eine persönliche und subjektive Interpretation der Beziehungen zwischen der dichten Kiefernlandschaft des estnischen Waldes und einem zyklischen und geometrischen Meisterwerk wie *Tabula Rasa,* dessen Anfang und Ende mit der Stille verschmelzen.

Arvo Pärt sagt über seine eigene Arbeit: „Für den Komponisten ist die Stille wie für einen Maler eine leere Leinwand oder für einen Dichter ein unbeschriebenes Blatt Papier. Tabula rasa."[1]

Die Architektur beginnt jedoch im Gegensatz zur Malerei, Literatur oder Musik nie mit einem unbeschriebenen Blatt Papier. Die Leere vor der Konstruktion eines Raumes wird stets von vorhandenen Faktoren beeinflusst: einem Ort, einer Topografie, einem Bedürfnis, einer Erinnerung oder auch nur von dem unvermeidlichen Bewusstsein für die Schwerkraft. In diesem grundsätzlichen Unterschied zwischen den beiden Künsten liegt womöglich die Schwierigkeit ihrer Übertragung. Die Stille vor dem Klang, von der Pärt spricht, und die Leere, die der Architektur vorausgeht, treffen jedoch in der immateriellen Verbindung zwischen Zeit und Raum aufeinander. Die Zeit gilt gemeinhin als das vorrangige strukturierende Element für eine musikalische Komposition, so wie die Architektur als Kunst der Raumgestaltung definiert werden kann. Dabei nehmen wir die Architektur auch als zeitliche Abfolge oder die Musik in ihrer räumlichen Dimension wahr. Während Walter Benjamin Architektur als „raumgewordene Vergangenheit" bezeichnete, nehmen wir Pärts Werk als „raumgewordenen Klang" wahr.

Im Arvo-Pärt-Zentrum, das sich in einer Landschaft von atemberaubender Schönheit inmitten dichter Wälder aus hochgewachsenen Kiefern befindet, sind Architektur, Natur und Musik durch den gemeinsamen Nenner der Geometrie miteinander verbunden. Eine Reihe von fünfeckigen Hohlräumen, die an biologische Strukturen in Blättern und Blumen – oder auch an Noten – erinnern, entfalten sich zu vielfältigen Variationen, die unter einem ausladenden Zinkdach Innenhöfe verschiedener Größe bilden. Der Grundriss des Gebäudes erinnert an manche Kompositionen von Pärt: Während eine Stimme die Melodie nachzeichnet (die lang geschwungene Innenwand aus Eichenholz), schreitet die andere in Akkorden voran, die wie ein kombinatorischer Mechanismus vielfältige Spiegelungen suggerieren (die verglasten Innenhöfe). Das Projekt ähnelt somit einem Ensemble aus Spiegeln, in dem jeder Raum zum Echo eines anderen wird. Wie ein Rahmen mit einem Bild in einem weiteren Bild usw., als würde man Werke wie *Tabula Rasa (Silentium)* oder *Spiegel im Spiegel* hören, deren Titel an sich schon auf ihre sich spiegelnde kompositorische Struktur verweisen. Pärt verwebt Klänge auf die gleiche Weise miteinander, wie die Architektur manche Räume ineinander fließen lässt. Die Architektur wird zu einer unerwarteten Reflexion unseres eigenen Denkens: unvorhergesehene Assoziationen von in unserem Gedächtnis verborgenen Gedanken, die plötzlich aufleuchten und sichtbar werden. Ganz unbewusst tauchen wir in eine verstörende Illusion ein: Das musikalische Werk barg in sich bereits einen architektonischen Raum, und unsere Aufgabe besteht lediglich darin, uns vorzustellen, wie wir die Regeln, die uns der Komponist räumlich darbietet, entschlüsseln können.

Wenn man sich *Tabula Rasa (Silentium)* anhört, kommt es einem so vor, als würde man durch einen tiefen, lichten und zugleich klangvollen inneren Raum wandeln, der sich im Laufe der Zeit – fast sechzehn Minuten lang – zu überraschenden sich gabelnden Wegen entwickelt. Eine Kadenz aufsteigender Skalen wiederholt sich periodisch und lässt an unerwartete Fluglinien, möglicherweise gespiegelte Bilder anderer Räume außerhalb unseres Blickfeldes, denken. Nach und nach haben wir den Eindruck, eine scheinbar lange, sanft ansteigende, spiralförmige Rampe hinaufzugehen. Sanft umgibt uns ein in einem Wald eingebetteter, leicht verzerrter, kantenloser Raum ohne Anfang oder Ende. Die Struktur, auf der er ruht, löst sich in lauter leichtere Elemente auf. Die Abstände zwischen den Weggabelungen vergrößern sich. Wir erklimmen einen Raum, der zugleich leicht abfallend zu sein scheint und sich dabei auch in die Landschaft erstreckt. Besteigen wir einen Turm? Oder gehen wir durch einen grenzenlosen horizontalen Raum, der eng mit dem Boden verbunden ist? Wie in den Erzählungen von Jorge Luis Borges, in denen ein Labyrinth, eine Bibliothek oder ein Garten zu einer Metapher für unendlich viele mögliche Kombinationen wird, scheint dieser Turm sämtliche Türme, die wir je gesehen haben, in sich zu vereinen. Und wie in einem Labyrinth kann man in einem imaginierten Raum lauter verschiedene Wege einschlagen. Je höher wir den Turm erklimmen, desto enger fühlen wir uns mit der Landschaft verbunden. Wir befinden uns in einer Architektur, die darum ringt, die Schwerkraft zu überwinden, und zugleich im Boden, in der Tiefe der Erde, verankert ist.

Der Klang von *Tabula Rasa* birgt einen Raum mit mannigfachen Spiegelungen: komprimiert und zugleich endlos; unscharf und zugleich licht; überwältigend und zugleich strahlend; Schritt für Schritt löst sich der Raum in eine tiefe, langanhaltende Stille auf. Die intensive räumliche Dimension von Arvo Pärts Meisterwerk offenbart schließlich ein seltsames, ganz unerwartetes Paradox: Der Komponist war derjenige, der den architektonischen Raum konzipierte. Wir, die Architekten, haben lediglich versucht in einer flüchtigen Vision einzufangen, wie der Klang zum Raum wird.

1 Tom Huizenga, *The Silence And Awe of Arvo Pärt*. – NPR Music, 2. Juni 2014.

Ein Ort, an dem Stille und Musik zu Hause sind

Kristina Kõrver

Das Arvo-Pärt-Zentrum trägt den Namen des Komponisten und bewahrt sein persönliches Archiv. Es ist die Heimstatt seiner Handschriften und anderer mit seinem Werk verbundener Archivalien. Ein Ort, an dem die gesamte Musik und Gedankenwelt von Pärt zu Hause sind. Die Aktivitäten des Zentrums sind jedoch nicht nur den Studien von Pärts Schaffen gewidmet, sondern erstrecken sich auch auf breitere Themenkomplexe aus den Bereichen der Musik, Theologie, Kunstgeschichte und anderen Geisteswissenschaften. Man könnte sich also vorstellen, dass sich durch das Zentrum – ähnlich wie bei der Musik von Arvo Pärt – ein Tor öffnet, das den Eintretenden zu noch viel wichtigeren Themen und tieferen Quellen führt.

Der lange Schaffensweg von Arvo Pärt erstreckt sich über die zweite Hälfte des 20. Jahrhunderts sowie den Beginn dieses Jahrhunderts und umfasst insgesamt mehr als sechs Jahrzehnte. Dieser Weg, der von einer Vielfalt von Epochen und Stilen, Texten und Denkweisen gekennzeichnet ist, kann als eines der bemerkenswertesten Gesamtporträts der zeitgenössischen Musikgeschichte betrachtet werden.

Pärts Werk aus den 1960er Jahren deckt einen Großteil des Diskurses der modernistischen Musik des letzten Jahrhunderts ab und spiegelt sowohl Pärts Lebenskraft (avantgardistische Kompositionstechniken) als auch dessen Krisen (Hinwendung zur alten Musik) wider. Arvo Pärts eigene Schaffenskrise , die vom Ende der 1960er bis zur Mitte der 1970er Jahre andauerte, hing jedoch nicht nur mit der sogenannten Modernismusverdrossenheit zusammen, von der auch viele seiner Zeitgenossen betroffen waren, sondern sie war existenzieller Natur. Sie ist auf ein tiefes persönliches Bedürfnis nach spiritueller Wiedergeburt zurückzuführen, das durch eine intensive Suche zu neuen Idealen im Leben und in der Musik führte.

In diesen Jahren trat Arvo Pärt der orthodoxen Kirche bei. Seitdem ist sein ganzes Schaffen mal direkt, mal indirekt mit der zweitausend Jahre alten christlichen Tradition verbunden, wobei es gleichermaßen aus den tiefen Quellen der östlichen und der westlichen Kirche schöpft. Die kirchlichen Lehren, die heiligen Texte und die aus diesen resultierende Lebenserkenntnis haben in der Klangsprache, die Arvo Pärt 1976 neu schuf und der er den Namen *Tintinnabuli* gab, einen persönlichen musikalischen Ausdruck gefunden. Dieses so schön benannte Kind ist wirklich wie eines von zwei Eltern. Es hat von ihnen seine wichtigsten Eigenschaften geerbt: Sein klangliches Wesen, das in der frühen Musik- und Kunstgeschichte der katholischen Kirche wurzelt, während sich *Tintinnabuli,* als das Erschließen einer Technik, einer Idee, bei der aus dem Verhältnis einzelner Elemente ein Ganzes wird, aus dem spirituellen Einflussbereich der orthodoxen Kirche entwickelt hat. Diese beiden Quellen sind in Arvo Pärts Schaffen zu einem harmonischen Ganzen verschmolzen. Diese vereinigende Liebe lässt die individuelle Klangwelt und die in ihr verborgene Botschaft des Komponisten erkennen.

Das geradezu lautmalerische lateinische Wort *Tintinnabuli* bezeichnet Glöckchen, also etwas Reines und Zartes, wir hören es am deutlichsten in der Stille. Genau diese Ideale – Stille, Reinheit, aber auch Lakonik und Ordnung – strebt Pärt in seinem Schaffen an. Um den eigenen Klang hören und erfahren zu können, musste sich der Komponist der Stille zuwenden und sich von allem Überflüssigen befreien. Pärt selbst sagt: „Wenn wir zum Kern eines musikalischen Werkes vordringen wollen, ist dies ohne Reduktion nicht möglich. Wir müssen den gesamten Ballast – Epochen, Stile, Formen, Orchestrierungen, Harmonie, Polyphonie – abwerfen und so zur Einstimmigkeit gelangen. Erst dann stehen wir entweder der Wahrheit oder der Lüge Auge in Auge gegenüber.“[1]

Auf diesem radikalen Weg entdeckte Pärt das wahre Wesen und die Kraft des Klangs wieder. Er schuf eine musikalische Sprache, deren Kommunikativität allein auf der Beziehung zweier Stimmen (zweier Töne) beruht. Im klareren Klangraum der *Tintinnabuli*-Werke fordert schon der geringste Ton oder die geringste Pause unsere ganze Aufmerksamkeit ein – eine Erfahrung, die uns den Worten und Erkenntnissen des Komponisten näher bringt, „Jeder Ton ist wie ein Juwel“ und „jeder Grashalm hat den Status einer Blume“.

Die Musik von Arvo Pärt ist eng mit dem Wort verbunden – sowohl durch die Texte, auf denen die Werke beruhen, als auch in einem tieferen Sinne durch ihren Bezug auf das heilige Wort. Ein großer Teil der *Tintinnabuli*-Werke basiert auf heiligen Schriften und Gebeten, die in west- und ostkirchlicher Tradition stehen. Die heiligen Texte in Pärts Schaffen sind jedoch nicht nur Träger einer Botschaft, sondern sie stellen oft auch das Fundament des gesamten musikalischen Gebäudes dar. Das musikalische Werk erwächst aus ihrer Grammatik (Silben, Wortbetonungen, Interpunktionszeichen) und Struktur (Melodie, Rhythmus, Form etc.).

Arvo Pärt: „Die heiligen Schriften sind von uns unabhängig und erwarten uns: Jeder Mensch hat seine Zeit, zu diesen Texten zu gelangen. Dieses Treffen erfolgt, wenn die Texte nicht mehr als Literatur oder Kunstwerke behandelt werden, sondern wenn sie als Bezugspunkt oder Modell genommen werden."[2]

Neben Noten, Schallplatten, Musik- und Kunstbüchern hält die Bibliothek des Arvo-Pärt-Zentrums auch eine repräsentative Auswahl theologischer Literatur bereit, von der ein Großteil aus der privaten Bibliothek von Arvo Pärt stammt und sich vor allem mit der Spiritualität der orthodoxen Kirche befasst. Die Auswahl spiegelt das Interesse des Komponisten am Lesen wider und bezieht sich auf wichtige Texte, die Pärt in den 1970er Jahren, unmittelbar vor der Herausbildung des *Tintinnabuli*-Stils, inspirierten. Dieses sind hauptsächlich Schriften frühchristlicher Theologen und Wüstenväter, die im Laufe der Jahrhunderte viele Komponisten, Künstler und einen großen Teil der europäischen Kultur beeinflusst haben, sowie die Lehren späterer Heiliger der orthodoxen Kirche, vornehmlich des Heiligen Siluan von Athos und des Heiligen Sophroni von Essex. Wenn man diese Texte liest und studiert, nähert man sich Schicht für Schicht dem Kern von Pärts Musik, der Quelle, die die Grundlage all seines Schaffens und seiner Lebenseinstellung bildet.

Es ist allgemein bekannt, dass Arvo Pärt nicht gerne über seine Musik spricht. So sagt er: „Mein Wort ist der Klang." Das nach innen gerichtete Wort, das intensive Gespräch mit sich selbst, ist jedoch sehr wichtig für Pärts Schaffensprozess und es ist eng mit dem Klang verflochten. Hiervon zeugen Hunderte von Skizzen und Musiktagebüchern, die im Archiv des Zentrums aufbewahrt werden. Die Musiktagebücher, die Pärt bis heute führt, begann er Anfang der 1970er Jahre zu schreiben, als er sich in einer tiefen Schaffenskrise befand. Pärt hat die Entstehung seiner Werke, angefangen von den ersten Ideen, auf Tausenden von Seiten in den Tagebüchern festgehalten. Neben den musikalischen Skizzen hat er jedoch auch alltägliche Reflexionen über Leben und Tod, Zeit und Ewigkeit, Mensch und Gott, die Liebe, das Schreiben von Musik und über vieles mehr zu Papier gebracht. Zwischen den Notenzeilen finden sich Eintragungen von Zitaten aus der Heiligen Schrift und aus anderen für den Komponisten wichtigen Büchern sowie Gebete. Aus den Texten und Betrachtungen erschließt sich um die Musik herum ein reichhaltiger Kontext, der einen seltenen Einblick in Pärts Schaffen gewährt.

Arvo Pärt schafft es wahrhaftig, aus Klängen eine zutiefst persönliche und universell verständliche Sprache zu formen. Aus diesem Grunde wird seiner Musik oft die Fähigkeit zugeschrieben, Hörer mit sehr unterschiedlichen Hintergründen und Interessen vereinen zu können. Arvo Pärt wird als Brückenbauer zwischen Vergangenheit und Gegenwart, Ost und West und vor allem zwischen den Menschen bezeichnet.

Arvo Pärt: „In meiner Musik habe ich es mir nicht zur Aufgabe gemacht, über besondere religiöse oder orthodoxe Werte zu sprechen. Ich versuche in der Musik über Dinge zu sprechen, die jeden Menschen betreffen. Die Substanz der Musik ist eigentlich konfessionsübergreifend."[3]

Laut der Ehefrau des Komponisten Nora Pärt, dreht sich Arvo Pärts Leben und Werk, seine gesamte spirituelle und musikalische Welt, gleichsam wie um eine Hauptachse – um Liebe und den Traum, dass die Menschen einander lieben. Viele, die sich Pärts Musik widmen, sagen, dass sie sich in ihr geliebt und geborgen fühlen. Dies soll auch für das ihm und seinem Schaffen gewidmeten Haus gelten.

Die Errichtung des Arvo-Pärt-Zentrums war von Anfang an von der Idee begleitet, dass es ein offener Treffpunkt werden soll, der Menschen zusammenbringt und an dem jeder willkommen ist. Die vornehmliche Aufgabe des Zentrums ist, das schöpferische Erbe des Komponisten zusammenzutragen und zu bewahren und seine Früchte – die Musik, die Kenntnisse und die Erfahrungen – mit den Besuchern zu teilen. Genauso wichtig ist es jedoch, neue kreative Samen zu säen, andere zu inspirieren und einen fruchtbaren Boden für neue Ideen zu schaffen. Ein Ort zu sein, der dazu einlädt, in sich zu gehen, zuzuhören und seine Sinne zu schärfen. Ein Ort, an dem die Stille und Musik zu Hause sind.

1 Merike Vaitmaa, *Arvo Pärt. Kuus Eesti tänase muusika loojat,* Tallinn 1970, S. 59 (Die Zitate wurden von Arvo Pärt 2019 umformuliert.).

2 Enzo Restagno, *Mit Arvo Pärt im Gespräch,* Wien 2010, S. 62.

3 Arvo Pärts handschriftliche Skizze für das von William Robin geführte Interview „His Music, Entwined With His Faith", das am 16.05.2014 in der *New York Times* veröffentlicht wurde. – Arvo Pärt Zentrum, APK 7-6.73_02.

Das Herz des Arvo-Pärt-Zentrums: die Kapelle des Heiligen Siluan und des Heiligen Sophroni

Nikita Andrejev

Selbst ein Zentrum braucht eine Mitte. Eine Institution und ihr Gebäude formen sich um eine Sammlung, eine Idee oder eine Persönlichkeit herum. In dieser laufen alle Aktivitäten zusammen, wie die Speichen im Nabengehäuse eines Rades. Sehen wir uns den Mittelpunkt genauer an, dann erkennen wir, dass auch dieser einen Fokus hat – eine weitere, scheinbar verborgene Realität, aus der wir Leben und Inspiration schöpfen.

Die Kapelle des Arvo-Pärt-Zentrums befindet sich in dem weiträumigsten der fünf Innenhöfe des Gebäudes unter freiem Himmel. Sie ist von gleichen Moosen, Farnkräutern und Heidelbeersträuchern sowie Heidekraut umgeben, die wir auch im Wald wachsen sehen. Die Schlichtheit des sich aus Quadern zusammensetzenden Körpers und der tonnengewölbten Kapelle erinnern an die alten, winzigen byzantinischen Kirchen, die man noch immer in den ländlichen Gegenden Griechenlands und anderer orthodoxer Länder findet. Die schnörkellose Struktur des Betongusses hat etwas Archaisches, insbesondere wenn der Regen in dunklen Streifen daran herabrinnt. Ein kleines gleichschenkliges Kreuz über dem Eingang lockert die allgemeine Strenge des Gebäudes und weist auf dessen Funktion hin.

Die Intention der Architekten des Arvo-Pärt-Zentrums war, den Eindruck zu vermitteln, als hätte die Kapelle bereits vor dem Bau des Zentrums hier gestanden. sollte so wirken, als hätte inmitten der Kiefern von Laulasmaa ein kleines altes Heiligtum gefunden, um das dann später das Gebäude des heutigen Zentrums entstand. Diese Vorstellung hat etwas Ausdrucksvolles, insbesondere wenn sie als Widerhall auf die tiefgründigen ersten Worte des Johannesevangeliums verstanden wird: „In principio..." („Am Anfang ..."). Die Kapelle erweckt in uns den Gedanken, dass dem Bau des Zentrums etwas vorausgegangen sein muss. Und vielleicht fangen wir sogar an, uns über den Beginn der ganzen Welt Gedanken zu machen.

„Am Anfang war das Wort, und das Wort war bei Gott, und Gott war das Wort" (Johannes 1:1). Mit diesen Worten zieht der Evangelist Johannes eine Parallele zwischen seinem Evangelium und dem ersten Buch der Bibel, das von der Erschaffung der Welt mit den Worten spricht: „Am Anfang schuf Gott Himmel und Erde ..." (Genesis 1:1). Das erste Buch Mose beginnt an jedem Schöpfungstag mit Gottes Worten: „Es werde ..." oder „Lasset uns ...". So entstehen das Licht, der Himmel, die Erde, die Sterne, die Pflanzen, die Tiere und der Mensch. Das Johannesevangelium ist ein Kommentar zum Wesen des menschgewordenen Wortes. Das Subjekt dieser Erzählung, Jesus, erscheint als Wort Gottes, vom Himmel auf die Erde gekommen, um die verfallende Welt mit seiner durch Menschwerdung und Kreuzigung offenbarten Liebe neu zu erschaffen.

Die konfessionsübergreifende Kapelle gehört architektonisch zum Bibliotheksbereich des Zentrums. Bibliotheken beinhalten einen Komplex von Wörtern, die zu Sätzen, Kapiteln und Bänden zusammengefasst sind. Die Bibliothek kann hier als das geistige Herz des Gebäudes angesehen werden, da sie einen großen Teil der Literatur umfasst, die direkt oder indirekt die Arbeit von Arvo Pärt beeinflusst hat. Wenn wir uns vertiefend mit der Frage beschäftigen wollen, warum Pärts Musik die Menschen so fesselt, müssen wir uns das Wort beziehungsweise die Wörter ansehen, die das „Prinzip" seiner Musik sind. Wobei es hier nicht allein um ein Kompositionsprinzip, sondern um eine spirituelle Perspektive geht, die sein Weltbild prägt. Gerade hierin entfaltet sich die symbolische Bedeutung der Kapelle als Kern im Herzen des Zentrums.

Wenn wir durch die Tür in die Kapelle hineinschauen, sehen wir im unteren Bereich der gegenüberliegenden Wand ein Bild von Jesus Christus in voller Größe, umgeben von zwei Heiligen. Jesus Christus ist vor der Mandorla dargestellt, einer mandelförmigen Gloriole, deren Zentrum dunkelblau ist und zu den Rändern hin Schritt für Schritt heller wird – eine traditionelle Weise in der byzantinischen Ikonenkunst, um die Herrlichkeit Gottes darzustellen. Die Mandorla ist wie ein Aufscheinen des göttlichen Lichts in der Welt. Indem es aus dem menschlichen Antlitz Jesu Christi herausstrahlt, bezieht es sich auf dessen göttliche Natur. In der zentralen Figur der Wandbilderreihe sehen wir also eine visuelle Darstellung des „Wortes", „das am Anfang war" und das „Gott war", von dem in den daran anschließenden Zeilen des Johannesevangeliums gesagt wird: „Und das Wort ward Fleisch und wohnte unter uns, und wir sahen seine Herrlichkeit" (Johannes 1:14).

Es sind die zwei Heiligen, denen die Kapelle gewidmet ist, die sich Christi in seinem Lichte im Gebet zuwenden: der Heilige Siluan von Athos und der jüngst kanonisierte Heilige Sophroni von Essex. Ersterer war der große orthodoxe Asket des 20. Jahrhunderts, der auf dem Berg Athos lebte, einer autonomen Mönchsrepublik, die im 10. Jahrhundert in Griechenland gegründet wurde. Sophroni, ein treuer Schüler des Heiligen Siluan, gründete später ein Kloster in Essex, England. Durch Sophronis Persönlichkeit und seine Schriften verbreiteten sich der Ruf und die Botschaft des Heiligen Siluan auf der ganzen Welt. Auch Arvo Pärt und seine Frau Nora lernten den Heiligen Sophroni, der ihnen spirituelle Führung gab und die kreativen Bestrebungen des Komponisten unterstützte, näher kennen.

An der Rückwand ist über der Tür der weinende Vorvater Adam zu sehen, der als erster Mensch als Symbol für die gesamte Menschheit steht. Das erste Buch Mose erzählt, wie Adam für ein Leben im Paradies geschaffen wurde, aber auf die heilige Stätte und den heiligen Status verzichten musste. Der Text *Das Klagelied Adams* des heiligen Siluan von Athos beschreibt, wie Adam seinen Fall beweint und Gott bittet, in ihm die Tugenden wiederzugeben, durch die er Gott wieder sehen kann: „Sei barmherzig mit mir, Herr. Gib mir den Geist der Demut und der Liebe." Diese symbolischen Worte der Klage, die wir am Ende von Arvo Pärts Komposition *Adam's Lament* hören, stehen in der Kapelle an beiden Seiten der Darstellung von Adam.

Das Klagelied Adams endet jedoch nicht als hoffnungslose Tragödie. Von seiner Fluchtstätte aus blickt der weinende Adam zur gegenüberliegenden Wand der Kapelle, nach Osten, wo im oberen Halbbogen Maria, die Mutter Gottes, abgebildet ist. Mit ausgestreckten Händen betet Adam für die gefallene Menschheit und versammelt diese mit einer schützenden Geste unter seinem Gewand. So wie Adam ist auch Maria in der christlichen Tradition eine symbolische Figur und gilt als zurückgewonnenes „mystisches Paradies". Indem sie in Jesus Christus Gott gebar, eröffnete sie erneut den Weg zur Besinnung auf Gott im Angesicht ihres göttlichen Sohnes. Er ist es, der (unten) das Buch des Lebens (das Evangelium) haltend, auf dem der biblische Name Gottes, „ICH BIN" eingeschrieben ist, das ewige und absolute Sein in konkreter Form als das schöpferische Wort Gottes offenbart. Auf diese Weise bildet die Kapelle des heiligen Siluan und des heiligen Sophroni einen wichtigen Mittelpunkt des Zentrums, eine Quelle, aus der das künstlerische Schaffen Kraft und Bedeutung schöpfen kann.

Endloses Vexierspiel

Covadonga Blasco Veganzones

Es ist die Dynamik das grosse Hauptgebiet, der endlose Bereich des Kosmos.[1]
Paul Klee

Nach einer Expedition zu den Felsen von Bandiagara schilderte der Ethnologe Dominique Zahan in seiner Studie *Notes sur un luth dogon*[2] einst den rituellen Bau einer Laute. Für die Dogon, eine der geheimnisvollsten ethnischen Gruppen dieses Planeten, ist die Laute ein heiliges Instrument, mit dessen Bau ein akribischer Vorgang voller symbolischer Gesten einhergeht. Um die Struktur der Welt einzufangen, vergräbt der Wahrsager der Gruppe, der zugleich Instrumentenbauer und Musiker ist, das Holz, aus dem das Instrument gebaut werden soll, für vier Tage in der Erde. Nach dessen Fertigstellung spielt der Seher auf der Laute, wodurch sich deren verschiedene Teile in einem Klang vereinigen, der die eigentliche Bestimmung des Instruments offenbart: eine harmonische Resonanz zwischen der menschlichen Ebene und dem Kosmos.

Wie die Laute der Dogon ist auch das Arvo-Pärt-Zentrum ein Instrument, das aus der Harmonie zwischen Architektur, Körper und Landschaft eine Resonanz herstellt. Es verkörpert eine Synchronisierung dreier Frequenzen, die dann zustande kommt, wenn Wahrnehmung und Logik eine Einheit bilden.

Der akustische Aspekt des Resonanzphänomens führt dazu, dass man über die klangliche Dimension der umliegenden Landschaft nachsinnt, bei der das *Zuhören,* als aktive Form des Hörens, dem *Wahrgenommenen*[3] Sinn verleiht und den Besucher dazu befähigt, die verschiedenen Klangregister visuell wahrzunehmen.

Der Pfad, der zum Zentrum führt, das Hauptgebäude, die kleine Kapelle und der Aussichtsturm sind verschiedene Komponenten eines Instruments, das über das *akustische Denken* aktiviert wird.

Der Weg zum Hauptgebäude verläuft über einen gewundenen Pfad, der zur Eingangstür führt. Seine Ausrichtung passt sich ganz unauffällig der Topografie der Landschaft und der Position der Bäume im Wald an. Der Besucher wird somit in einen Zustand versetzt, in dem er gespannt seiner Umgebung lauscht, wodurch er sich der Bedeutungslosigkeit des menschlichen Maßes im Vergleich zur Unermesslichkeit des Ortes bewusst wird. Während seines Ganges inmitten der Bäume werden dem Besucher die ästhetischen Werte des Waldes von Laulasmaa vor Augen geführt, und zugleich ruft der Hörvorgang in ihm das Bild der primären Klänge des Hintergrundes wach. Die Vögel, der Wind, der Regen … werden zu zeichenhaften Prüfsteinen, wie sie allen Kulturen aufgrund der vielfältigen universellen Sinneserfahrungen gemein sind. So wird das nur wenige Meter vom Pfad entfernte Meer durch das Rauschen seiner Wellen sichtbar, und das Grau der Ostsee verschmilzt über deren Klänge mit der Landschaft des Pfades.

Auf einmal ragt zwischen den Bäumen eine getarnte Gestalt auf. Die Architektur des Arvo-Pärt-Zentrums taucht genau dort auf, wo sie sich eigentlich schon immer hätte befinden können. Es ist ein von der Dynamik der Landschaft bestimmtes Vakuum, in dem zentripetale und zentrifugale Kräfte den Körper in den Mittelpunkt des Raumes stellen.

Das Arvo-Pärt-Zentrum ist nicht etwa von seiner natürlichen Umgebung getrennt, sondern greift die Struktur der Natur auf und ist aus ihr heraus gebaut. Aufgrund der im Design berücksichtigten sensorischen Kräfte der Umwelt, integriert sich das Gebäude direkt in die Landschaft.Die Schönheit der Rhythmen und die Musikalität der Klangspuren des Terrains finden ihren Ausdruck in abstrakten Formen, die das Resultat eines tiefen Respekts für den Ort sind.

Das Vexierspiel zwischen den Kiefernstämmen des Waldes und den Säulen der Innen- und Außenfassaden erzeugt einen Widerhall, in dem die musikalischen und architektonischen Komponenten miteinander verwoben sind. Der Klang verwandelt sich auf subtile Weise in einen Transfer aus Strukturen, wodurch eine Wahrnehmungsanalogie hergestellt wird, wie sie allein aus einem ernsthaften Dialog zwischen der Reinheit des Klanges eines Arvo Pärt und der geometrischen Meisterschaft von Architekten wie Fuensanta Nieto und Enrique Sobejano entstehen kann. Innerhalb des Gebäudes gibt es weder Außen noch Innen, nur ein permanentes Vexierspiel, bei dem die Landschaft ihrerseits zu Architektur wird.

Die bemerkenswertesten Elemente des Projekts – die Kapelle und der Turm – teilen dieselbe introspektive Landschaft in zwei wesentliche Bereiche. Beide entlocken in ihrer jeweiligen Zurückhaltung oder Pracht der durch die Dimensionen der Räume erzeugten Intimität Stille. Diese Stille bedeutet nicht etwa Abwesenheit von Klang, sondern ein Ineinanderfließen der Erinnerungen an alles, was man je erlebt hat – eine virtuelle Landschaft, in der Ferne und Nähe am tiefen Horizont des Gedächtnisses aufeinandertreffen.

Die Beobachtung der Grenze zwischen Erde und Himmel vom Turm aus und der in der Kapelle Gestalt gewordene Lauf der Zeit rufen jene Emotion hervor, die den Menschen dazu bewegt, sich zu vergessen, wodurch der eigene Körper zu einem Klangkörper wird, der mit dem in ihm enthaltenen Universum vibriert.

Ein Musiker, der eine Partitur von Arvo Pärt interpretiert, erlebt wie der Wahrsager mit seiner Laute die Musik. Beide sind in der Lage, eine Melodie gleichzeitig zu lesen, zu spielen und ihr zu lauschen. Dementsprechend setzt sich auch die Landschaft aus Gelebtem zusammen, wenn wir sie über ein Bild, das wir uns von ihr machen, erfahren und zugleich in ihr leben. Als dynamisches Phänomen wird die Landschaft als aktives Erlebnis definiert, wenn die Zeit sich in Raum verwandelt. Die Sinne transzendieren die Logik, und das Verstehen vollzieht sich als Wahrnehmung über den Klang, so wie Paul Klee eine philosophische Vision des Universums vorschwebte, dank derer die freie Entfaltung abstrakter Formen möglich ist.[4] Ebene jener abstrakten Formen, die den verschiedenen Komponenten des Arvo-Pärt-Zentrums entsprechen.

Wenn man dem Arvo-Pärt-Zentrum lauscht, eröffnen sich einem diverse über das bloße Erscheinungsbild hinausgehende Bedeutungsebenen des Projekts und fördern die Begegnung zweier Epizentren, der Erfahrung und der Darstellung, die einander über die Resonanz befragen, um zu jener Frequenz zu finden, die Architektur, Körper und Landschaft in ein harmonisches Gleichgewicht bringt.

1 Paul Klee, *Bildnerische Gestaltungslehre,* Vorlesungsmanuskripte, 1922–1930, BG II.5/36, Zentrum Paul Klee, Bern. Zit. nach https://archiv.ub.uniheidelberg.de/artdok/2067/1/Eggelhoefer_Paul_Klees_Lehre_vom_Schoepferischen_2012.pdf (14. Oktober 2020).

2 D. Zahan, „Notes dur un luth dogon", in : *Journal de la Société des Africanistes,* Bd. 20, Teil 2, 1950, S. 193–207.

3 Jean-Luc Nancy, *Zum Gehör,* übers. Esther von der Osten, Zürich 2014, S. 17f.

4 Paul Klee, „Wege des Naturstudiums", in: Walter Gropius (Hrg.), *Staatliches Bauhaus in Weimar 1919–1923,* Weimar u. a. 1923, S. 24f.

Un denominador común: Centro Arvo Pärt & Nieto Sobejano Arquitectos

Michael Pärt

Existen patrones ocultos en el mundo que nos rodea que han jugado un papel significativo en la historia de la evolución de la Tierra. Cuando miramos detenidamente la materia orgánica, ya sea una planta, un animal o la vida humana, reconocemos patrones y ritmos. Algunos de ellos son únicos y otros repetitivos y simétricos. Podría decirse que, a lo largo de la historia de la evolución, se distingue a simple vista una precisión matemática evidente que establece una igualdad universal entre todas las partes de la naturaleza, desde el nivel más básico del organismo unicelular hasta el complejo cerebro humano.

El filósofo y matemático del siglo XX, Bertrand Russell, creía que, cuando se miraban correctamente, las matemáticas no solo poseían la verdad, sino también la belleza suprema, fría y austera. ¿Es esta noción cierta cuando se lleva al extremo infinito? Al filósofo griego Zenón de Elea (siglo V a. C.) se le atribuye el método de 'reducción al absurdo' *(reductio ad absurdum)*, un método lógico a través del cual se refuta una afirmación demostrando lo absurdo del argumento contrario en un contexto de infinito. Podemos entender esto en su paradoja más famosa, en la que el corredor Aquiles es incapaz de adelantar a una lenta tortuga. Aunque la ciencia moderna intenta resolver parte de estos antiguos enigmas, estos todavía exponen los límites de las matemáticas racionales y atestiguan la incapacidad del hombre para comprender la paradoja del infinito. Sin un camino lógico que seguir, ¿dónde puede el hombre encontrar una salida a los límites del infinito?

Tal vez un salto en la perspectiva teológica pueda ofrecer una respuesta, pues la alteridad de la naturaleza de Dios introduce una nueva dimensión de libertad creativa en oposición a la mera cantidad ilimitada. Este concepto de ausencia de restricción juega un papel importante en la música y la arquitectura en el momento del nacimiento de la idea creativa, pues permite el momento del 'big bang' –es decir, el instante y el lugar en el que un impulso creativo transforma las infinitas posibilidades en la formulación de una idea original–.

¿Dónde se encuentran la naturaleza, las ciencias y la teología? Para encontrar un punto de convergencia, podemos guiarnos por las palabras que Arvo Pärt pronunció en el discurso de aceptación del Premio *Brückepreis* en 2007:

> Tratemos de observar el alma humana a través de un microscopio electrónico, avanzando progresivamente hacia un aumento cada vez mayor. Presenciando cómo todos los rasgos exteriores del hombre, junto con sus cualidades únicas, debilidades y virtudes, desaparecen de la imagen a medida que se incrementa la ampliación. Es como un proceso de reducción sin fin que nos guía en la dirección de lo que es importante. En este viaje hacia el interior, también dejamos atrás todos los contextos sociales, culturales, políticos y religiosos. Al final, llegamos a un patrón fundamental similar a una red. También podría denominarse 'la geometría del alma humana': clara y organizada, serenamente conformada, pero, sobre todo, hermosa. En esta profundidad, somos tan similares entre nosotros que nos reconocemos a nosotros mismos en todos.

La ausencia de restricciones nos permite romper las paradójicas barreras del infinito dentro del mundo natural. El proceso de reducción nos permite adentrarnos en el alma humana y su suprema belleza interior, que lo abarca todo y es la semilla de la convivencia de la humanidad. Alcanzamos un lugar anhelado por los humanos, un punto de partida para el crecimiento interior. Así, llegamos al origen de la coexistencia natural de muchas disciplinas. Ya se alcance a través de una dimensión física o metafísica, llegamos a un denominador común.

Agradecimientos

Me gustaría destacar a nuestros arquitectos Fuensanta Nieto y Enrique Sobejano, a quienes tanto yo, junto con mis padres Arvo y Nora Pärt, como nuestro equipo del Centro Arvo Pärt queremos manifestar nuestra admiración y gratitud por una colaboración creativa que no comprometió al arte. Es cierto que hubo contratiempos y lágrimas, y sin embargo, siempre existió una solución creativa a mano.

De igual manera, quisiera hacer público nuestro aprecio al amplio equipo de arquitectos de España y Estonia, así como a todos los ingenieros, consultores y, por supuesto, a nuestro constructor, Ehitustrust. Solo a partir de un esfuerzo conjunto, en el que participan un gran número de personas, es como ha podido formarse una nueva entidad: el Centro Arvo Pärt en Laulasmaa, Estonia.

Finalmente, me gustaría manifestar mi agradecimiento a dos fieles colaboradores del Centro Arvo Pärt, Reet y Väino Kaldoja. Con vuestra colaboración y paciencia, hemos sido capaces de embarcarnos en muchas iniciativas, incluida esta misma publicación.

Índice. Cómo leer este libro

Fuensanta Nieto, Enrique Sobejano y Michael Pärt

De alguna manera, este libro contiene muchos libros. De hecho, hay cinco libros dentro de él.

El primero de ellos embarca al lector en un viaje por los espacios del Centro Arvo Pärt. Las fotografías comienzan mostrando la llegada al paisaje del bosque de pinos de Laulasmaa, para después descubrir pausadamente los espacios interiores del edificio principal, la capilla y los elementos visuales, de geometría pentagonal, de la torre y los patios interiores.

El segundo libro es un libro de palabras. Contiene citas de los diarios musicales de Arvo Pärt que están relacionadas conceptualmente con el contenido principal de esta publicación.

El tercer libro nos envuelve con elementos de partituras que representan fragmentos manuscritos y material impreso relacionados con *In Principio* de Arvo Pärt. La obra se basa en los catorce primeros versículos del primer capítulo del prólogo del Evangelio de Juan, «In principio erat Verbum» (En el principio era el Verbo). Como muchas de las composiciones de Pärt, la estructura musical deriva del texto en latín. Se compone de cinco partes. La primera y la quinta forman dos elementos contrapuestos: un acorde estático del coro articulado mediante sílabas, y un motivo de fanfarria de timbre y tono opuesto de los instrumentos de metal. Estos atraviesan las doce tonalidades mayores con un dinamismo creciente y diapasón que simboliza la creación a través de la palabra en el principio.

El cuarto libro es un cuaderno de dibujos de arquitectura. Contiene una descripción gráfica del proyecto completo desde una perspectiva arquitectónica. Plantas, secciones, alzados, esquemas estructurales del proyecto paisajístico, el edificio principal, la torre y la capilla, muestran los detalles técnicos y las proporciones de los espacios del Centro Arvo Pärt.

Finalmente, el quinto libro aporta una visión más profunda a través de cinco ensayos firmados por: Michael Pärt, Fuensanta Nieto y Enrique Sobejano, Kristina Kõrver, Nikita Andrejev y Covadonga Blasco Veganzones, quienes describen el viaje desde cinco ángulos: el nacimiento del Centro Arvo Pärt, la arquitectura, la música de Arvo Pärt, la capilla del Centro y el paisaje que lo rodea.

En el contexto de este índice, el número cinco también puede entenderse como *un denominador común*. Guiados por esta armonía interna, cinco palabras organizan los cinco libros presentados anteriormente, mezclados y superpuestos en una estructura abierta. Ritmo, armonía, luz, *logos* y silencio son las cinco palabras clave que el lector está invitado a seguir sin restricciones para descubrir la resonancia y la conexión simbólica existente entre la música de Arvo Pärt y la arquitectura de Fuensanta Nieto y Enrique Sobejano.

Al final del libro, el «Índice de índices» muestra la lectura correlativa específica para cada uno de los cinco libros.

La historia del nacimiento del Centro Arvo Pärt

Michael Pärt

Debió ser alrededor de 2002 cuando mis padres y yo nos planteamos por primera vez el tema de la conservación del legado creativo de mi padre. Viviendo en Berlín en esa época, mis padres acumularon durante muchas décadas una colección creciente de materiales, desde diarios musicales, bocetos y manuscritos hasta fotografías, grabaciones, correspondencia y muchos otros elementos clasificables.

A medida que crecía la colección, cada vez más extensa, aumentó su preocupación. ¿En qué debía convertirse todo aquello? Pronto nos encontramos buscando academias y fundaciones de compositores que pudieran ayudarnos en el archivo del legado en cuestión. Nuestra atención se desplazó rápidamente hacia el contenido de nuestro archivo. Si, tradicionalmente, el procedimiento de estructuración ocurre cuando la colección está completa, nuestro caso necesitaba un enfoque desde la dirección opuesta. Parecía evidente que el acceso completo y constante al archivo durante todo el proceso de sistematización era un requisito indiscutible. La intención era clara: pretendíamos crear un entorno que permitiera un esfuerzo de colaboración que contase con la participación de mis padres –agregar un fondo personal, histórico y musical a los materiales ya existentes, y registrar los comentarios y recuerdos de mi padre en su lengua materna, el estonio–.

Así nació nuestra iniciativa familiar. En 2010 se creó la fundación Centro Arvo Pärt y todo el material de archivo se transportó desde Alemania a Estonia. El destino estaba fijado, pues Laulasmaa, a treinta y cinco kilómetros al oeste de Tallin, es el hogar de mis padres. Planificamos el trabajo paso a paso, y así es como comenzaron a fijarse las bases para la sistematización de nuestro archivo. Al mismo tiempo, contactamos con centros de otros compositores, salas de conciertos y organizaciones relacionadas con la música para que nos proporcionasen una panorámica de los precedentes existentes en este campo, novedoso para nosotros. En particular, tanto el Centro Arnold Schönberg en Viena como la Fundación Britten Pears en Aldeburgh, presentaban muchos elementos en común con nuestras propias actividades. Mientras nuestras iniciativas eran financiadas personalmente por mis padres, nuestro equipo comenzó a crecer. Uno por uno se incorporaron un archivero, musicólogos y otros miembros.

Al año siguiente, la República de Estonia se unió a nuestra iniciativa apoyando la conservación del legado de mi padre mediante la aportación de fondos regulares. Esto hizo que nuestros esfuerzos llegaran aún más lejos. Pudimos entonces centrarnos en la cuestión del origen del impulso creativo, en cómo nace una obra, cómo se relaciona con el texto al que acompaña y los métodos de composición. Estos fueron solo algunos temas de un extenso catálogo a los que entonces podíamos dedicar nuestros recursos de una forma más intensa. Al mismo tiempo que comenzaba este viaje crucial, pudimos enfocarnos en los matices que definen los elementos centrales de la huella creativa de Arvo Pärt.

Sin embargo, pronto se hizo evidente que investigar el contexto más profundo de las composiciones es una tarea inagotable y el trabajo en el archivo se extendería a lo largo de muchas décadas. Nos dimos cuenta de que la institucionalización de nuestras competencias, tanto internas como externas, así como la creación de un centro físico, servirían mejor al objetivo de mantener el legado a largo plazo. Toomas Hendrik Ilves, el presidente de la República de Estonia en ese momento, dirigió la iniciativa que pretendía acercar nuestras actividades a un público más amplio. Gracias a ello, el gobierno y el comité de finanzas del Estado estonio se pusieron en marcha para construir un nuevo edificio para alojar nuestro archivo y todas las actividades para el público, desde programas educativos y de investigación hasta conciertos.

A partir de este momento, las actividades diarias y los esfuerzos por clasificar el material se ampliaron para incluir todo aquello relacionado con la arquitectura, el diseño y la construcción. En 2014, en colaboración con la Unión de Arquitectos de Estonia, anunciamos un concurso de arquitectura en el que resultó ganadora la propuesta de los arquitectos españoles Fuensanta Nieto y Enrique Sobejano, fundadores del estudio de arquitectura Nieto Sobejano Arquitectos. Inspirada en el silencio y la geometría inherente a la música de Arvo Pärt, el diseño de los arquitectos perseguía un interior fluido que fuera percibido como un único espacio. Los marcados patios pentagonales, a través de los cuales entra la luz, le dan al edificio un carácter geométrico único. El proceso de planeamiento, licitación y construcción del edificio se realizó en un periodo de cuatro años.

El 13 de octubre de 2018 marcó el cierre de un círculo y se completó un capítulo particular: el Centro Arvo Pärt abrió al público y se convirtió en el nuevo y simbólico hogar para el legado creativo del compositor. El archivo completo se concentra ahora en un único lugar que, junto con las actividades del Centro, está llamado a ser un puente entre generaciones, culturas y religiones.

Y, sin embargo, cada final conduce al comienzo de algo nuevo, por lo que puede empezar el siguiente capítulo...

Arquitectura: sonido transformado en espacio

Fuensanta Nieto y Enrique Sobejano

Al escuchar la música de Arvo Pärt, a menudo tenemos la extraña sensación de encontrarnos inmersos en un espacio arquitectónico profundo y continuo, donde el silencio, el ritmo, la armonía son términos que no solo describen la estructura de la composición musical, sino también la percepción íntima del espacio imaginado. Sin embargo, somos conscientes de que la traducción directa de la música a la arquitectura es una tarea vana, como lo sería pretender, por ejemplo, que un edificio representara literalmente una obra sinfónica o que los planos de un proyecto fueran equivalentes a las notaciones de una partitura. El Centro Arvo Pärt surgió más bien como una interpretación personal y subjetiva de las relaciones entre el denso paisaje de pinos del bosque estonio y una obra maestra cíclica y geométrica como *Tabula Rasa,* cuyo principio y fin se funden en el silencio.

Arvo Pärt se refiere con estas palabras a su propio trabajo: «El silencio, para el compositor, es como un lienzo vacío para un pintor, o un papel en blanco para un poeta. *Tabula rasa*»[1].

Pero la arquitectura, a diferencia de la pintura, la literatura o la música, nunca comienza con un papel en blanco. El vacío previo a la construcción de un espacio siempre se ve afectado por algún factor inicial: un lugar, una topografía, una necesidad, un recuerdo o simplemente la presencia inevitable de la fuerza de la gravedad. En esta diferencia original entre ambas artes radica tal vez la dificultad de su traslación. No obstante, el silencio previo al sonido del que habla Pärt y el vacío que precede a la arquitectura coinciden en el vínculo intangible que relaciona el tiempo con el espacio. Habitualmente el tiempo es considerado como el principio que estructura la composición musical, del mismo modo que la arquitectura puede definirse como el arte de concebir el espacio. Pero no es menos cierto que también percibimos la arquitectura como una secuencia temporal, y la música en su dimensión espacial. Si Walter Benjamin se refería a la arquitectura como el pasado transformado en espacio *(raumgewordene Vergangenheit),* nosotros interpretamos la obra de Pärt como sonido transformado en espacio.

Situado en un paisaje de impresionante belleza, en medio de un denso bosque de pinos de gran altura, en el Centro Arvo Pärt la arquitectura, la naturaleza y la música encuentran un denominador común en la geometría. Una secuencia de vacíos pentagonales, que evocan estructuras biológicas presentes en hojas y flores –o también pentagramas musicales– se despliega en múltiples variaciones formando patios de diferentes tamaños bajo una gran cubierta de zinc. La planta del edificio evoca en cierto modo algunas composiciones de Pärt: mientras una voz traza la melodía –un largo y sinuoso muro interior de madera de roble– la otra avanza en progresiones de acordes que, como un mecanismo combinatorio, sugieren una serie de reflejos múltiples –los patios acristalados–. El proyecto se asemeja entonces a un juego de espejos donde cada espacio es eco de otro, como un marco que contiene un cuadro dentro de otro y así sucesivamente, al igual que sucede al escuchar *Tabula Rasa (Silentium)* o *Spiegel im Spiegel,* cuyo título alude en sí mismo a su propia estructura compositiva.

Pärt enlaza los sonidos del mismo modo que la edificación encadena unos espacios en otros. La arquitectura se convierte en un imprevisto reflejo de nuestra propia mente: asociaciones inesperadas de ideas ocultas en la memoria que en un instante se vuelven nítidas y evidentes. Inconscientemente, nos encontramos inmersos en una inquietante ilusión: la obra musical esconde un espacio arquitectónico y nuestra tarea se reduce a imaginar cómo descifrar las reglas que el compositor nos sugiere espacialmente.

Cuando escuchamos *Tabula Rasa (Silentium),* nos parece recorrer un espacio interior profundo, claro y sonoro, que en el transcurso de un limitado período temporal (15 minutos y 57 segundos) evoluciona en sorprendentes caminos que se bifurcan. Una cadencia de escalas ascendentes se repite periódicamente sugiriendo inesperadas líneas de fuga, tal vez imágenes reflejadas de otros espacios más allá de nuestra vista. Lentamente sentimos que estamos ascendiendo por lo que parece una larga rampa helicoidal. Suavemente nos dejamos envolver por un espacio sin aristas en medio de un bosque, ligeramente distorsionado, sin principio ni fin. La estructura que lo soporta se disuelve en una secuencia de elementos más ligeros. Las bifurcaciones se vuelven cada vez más distantes entre sí. Paradójicamente, al tiempo que nos elevamos, el espacio parece también descender, lentamente, extendiéndose en el paisaje. ¿Estamos subiendo una torre? ¿O caminando por un vasto espacio horizontal íntimamente conectado al terreno? Como en las narraciones de Jorge Luis Borges, donde el laberinto, la biblioteca o el jardín se convierten en metáfora de las infinitas combinaciones posibles, la torre parece albergar todas las torres que alguna vez hemos imaginado. A su vez, como en un laberinto, el espacio sugiere múltiples recorridos diferentes. Cuanto más ascendemos, más nos acercamos al paisaje, como si la arquitectura aspirase a vencer la fuerza de la gravedad al tiempo que se ve impelida a anclarse en el terreno, en lo más profundo de la tierra.

El sonido de *Tabula Rasa* oculta un espacio de reflexiones múltiples: contenido pero infinito, difuso pero brillante, abrumador pero luminoso, diluyéndose paso a paso en un largo y profundo silencio. La intensa dimensión espacial de la obra maestra de Arvo Pärt termina revelando una extraña paradoja: el compositor fue quien en realidad concibió el espacio arquitectónico, nosotros, los arquitectos, solo intentamos capturar en una visión fugaz *el sonido transformado en espacio.*

1 Huizenga, Tom. *The Silence and Awe of Arvo Pärt.* Entrevista con Arvo Pärt. NPR Music, 2.06.2014, https://www arvopart.ee/en/arvo-part/article/the-silence-and-awe-of-arvo-part/

El hogar del silencio y la música

Kristina Kõrver

El Centro Arvo Pärt es un edificio que lleva el nombre del compositor y contiene su archivo personal. Alberga sus manuscritos y otros documentos relacionados con sus obras. En un sentido más amplio, es el hogar de toda la música y la forma de pensar de Pärt. Sin embargo, las actividades del centro no se limitan al estudio e interpretación del trabajo de Arvo Pärt, sino que incluyen un amplio abanico de temas ligados a la música y la historia del arte, la teología y otras humanidades. Al igual que la música de Pärt, el Centro puede verse como una puerta abierta que conduce al visitante hacia temas mucho más importantes y fuentes más profundas.

El largo camino creativo de Pärt, desarrollado entre la segunda mitad del siglo XX y el comienzo de este siglo, abarca un total de más de seis décadas. Inspirado por diferentes épocas, estilos, textos y corrientes de pensamiento, puede considerarse como uno de los exponentes más destacados y que mejor resume la historia de la música de nuestro tiempo.

El trabajo de Pärt de principios de los años sesenta se integra en su mayor parte en el discurso de la música modernista del siglo pasado, reflejando tanto su vitalidad (en las técnicas de composición de vanguardia) como sus crisis (en su giro hacia la música antigua). La crisis personal de Pärt, que duró desde finales de los años sesenta hasta mediados de los setenta, no estuvo relacionada con el llamado 'agotamiento' del modernismo, característico de muchos de los contemporáneos de Pärt, sino que fue de naturaleza existencialista. Fue provocada por una profunda necesidad personal de renacimiento espiritual que lo condujo, a través de una intensa búsqueda, a nuevos ideales en la vida y en la música.

Durante este período, Pärt se unió a la Iglesia ortodoxa, y desde entonces todo su trabajo ha estado relacionado, algunas veces más abiertamente y otras de forma menos evidente, a la tradición cristiana de hace dos mil años, basándose en las fuentes profundas de las iglesias occidentales y orientales. Las enseñanzas de la Iglesia, los textos sagrados y la visión de la vida que emana de ellos, han encontrado una expresión original en el nuevo lenguaje musical que nació en 1976 y fue bautizado como la técnica *tintinnabuli* por Pärt. El 'niño' que recibe este hermoso nombre hereda los rasgos más importantes de sus dos 'padres': la esencia de su sonido está enraizada en la música y el arte primitivo de la Iglesia católica; pero el razonamiento que hay detrás de la técnica del *tintinnabuli,* la idea de cómo los elementos individuales se relacionan con el todo, se formó en la atmósfera espiritual de la Iglesia ortodoxa. Estas dos fuentes existentes en el trabajo de Arvo Pärt se fusionan en un único conjunto armonioso, y este amor unificador ha llevado al compositor hacia su mundo único e individual de sonidos y al reconocimiento del mensaje oculto en él.

Tintinnabuli: esta resonante y delicada palabra latina hace referencia a las campanillas, es decir, a algo puro y sutil, algo que se escucha nítidamente en el silencio. Estos ideales –silencio, pureza, pero también laconismo y orden– son los que Pärt persigue en su trabajo. Para escuchar y experimentar su 'propio sonido', el compositor tuvo que recurrir al silencio y deshacerse de todo lo superfluo. Arvo Pärt ha afirmado: «Si queremos llegar al núcleo de una pieza musical, no podemos evitar la reducción. Tenemos que quitar todo el lastre –épocas, estilos, formas, orquestación, armonía, polifonía– y así alcanzar una única voz. Solo ahí encaramos la verdad o la mentira»[1].

En el transcurso de este radical viaje, Pärt descubrió la verdadera esencia del sonido, su fuerza. El poder comunicativo del lenguaje que creó como resultado se fundamenta en la interrelación entre dos voces (dos sonidos). En el nítido espacio sonoro del *tintinnabuli,* cualquier sonido o pausa, incluso los mínimos, merecen toda nuestra atención, y a través de esta experiencia llegamos a comprender la sensibilidad del compositor hacia lo que se expresa en sus palabras: «cada sonido es como una joya» y «cada brizna de hierba tiene la condición de una flor».

La música de Arvo Pärt está fuertemente conectada con la palabra –tanto a través de los textos en los que se basan las composiciones como en su vínculo con la palabra sagrada en su sentido más profundo. Gran parte de las obras *tintinnabuli* se basan en las Escrituras y las oraciones de las tradiciones de las iglesias orientales y occidentales. Pero los escritos sagrados no solo son los portadores del mensaje en los trabajos de Pärt, sino que a menudo son los cimientos de toda la construcción musical. A partir de la gramática de los textos sagrados (sílabas, acentos, puntuación) crece la estructura de la pieza (melodía, ritmo, forma, etcétera).

Como afirma Arvo Pärt: «Los textos sagrados son independientes de nosotros y nos esperan: cada persona llega a estos textos en su propio tiempo. Este encuentro se producirá cuando los textos ya no sean considerados como literatura o arte, sino como un punto de referencia o un modelo»[2].

La biblioteca del Centro Arvo Pärt, además de partituras, discos y libros sobre música y arte, cuenta con una gran selección de literatura teológica. La mayor parte proviene de la biblioteca personal del compositor y está relacionada principalmente con la espiritualidad cristiano-ortodoxa. La selección refleja el interés del compositor por la lectura y comprende textos relevantes que le inspiraron en los años setenta, justo antes de alcanzar el estilo *tintinnabuli.* Comprende, mayormente, los escritos de los primeros teólogos cristianos y de los Padres del desierto, que han influenciado a muchos compositores y artistas, e incluso a gran parte de la cultura europea durante siglos. También están las enseñanzas de los santos ortodoxos posteriores, en particular de San Silouan el Athonita y San Sofronio el Athonita. Mediante la lectura y la familiaridad con estos textos, podemos acercarnos al núcleo de la música de Pärt capa por capa, y así adentrarnos en la fuente que sirve de base para todo su trabajo y actitud ante la vida.

Es sabido que a Arvo Pärt no le gusta hablar de su música utilizando palabras, pues como él mismo afirma: «El sonido es mi palabra». No obstante, la palabra interior y un intenso diálogo introspectivo juegan un papel muy importante en el proceso creativo de Pärt –y están estrechamente entrelazados con el sonido–. Prueba de ello son los cientos de bocetos y diarios musicales que se guardan en el archivo del Centro. Durante la profunda crisis creativa a principios de los años setenta, Pärt comenzó a acumular diarios musicales y continúa haciéndolo hasta hoy. En miles de páginas, Pärt ha registrado el desarrollo de sus obras, comenzando con las primeras intuiciones. Además de los bocetos musicales, en ellos también ha anotado reflexiones cotidianas sobre la vida y la muerte, el tiempo y la eternidad, el hombre y Dios, el amor, la escritura musical y muchos temas más. Entre las líneas musicales pueden encontrarse pasajes de las Escrituras y otros libros importantes para el compositor, así como oraciones. Esos textos y reflexiones forman un rico contexto en torno a la música, el cual nos ofrece una perspectiva poco común de la obra de Pärt.

El sonido de Arvo Pärt es, en efecto, un lenguaje formado por sonidos que, al mismo tiempo, es tan profundamente personal como universalmente comunicativo. Por ello, a menudo se le atribuye a su música la capacidad de conectar a audiencias de diferentes orígenes e intereses, y el propio compositor ha sido denominado 'un constructor de puentes' entre el pasado y el presente, entre Oriente y Occidente, y sobre todo, entre las personas.

Arvo Pärt: «En mi música, no me he propuesto hablar de algunos valores religiosos o específicamente cristianos ortodoxos. Trato de hablar en mi música sobre cosas que conciernen a todos los seres humanos. La sustancia de la música es, de hecho, supradenominativa»[3].

En palabras de Nora Pärt, la esposa del compositor, su vida, trabajo y mundo espiritual y musical giran en torno a un eje central: el amor y el sueño de que las personas se amen entre sí. Los oyentes de la música de Arvo Pärt con frecuencia dicen que se sienten amados y protegidos en ella. Lo mismo podría decirse del edificio dedicado a su obra.

Por esta razón, la construcción del centro Arvo Pärt estuvo guiada desde el comienzo por la idea de que el edificio debía conectar personas y ser un espacio abierto de encuentro en el que todos se sintieran bienvenidos. La misión principal del Centro es recopilar y preservar el legado creativo del compositor y compartir con los visitantes sus frutos: música, conocimiento y experiencias. Sin embargo, es igual de importante para el Centro sembrar nuevas semillas creativas, inspirar y convertirse en un terreno fértil para el nacimiento de nuevas ideas. Ser un lugar que invite a concentrarse, a escuchar y oír. Ser el hogar del silencio y la música.

1 Merike Vaitmaa, «Arvo Pärt». En Helju Tauk, ed., *Kuus Eesti tänase muusika loojat,* Tallin: Eesti Raamat, 1970, 59. (Cita modificada por Arvo Pärt en 2019).

2 Enzo Restagno, «Vestlused Arvo Pärdiga». En Enzo Restagno, ed., *Arvo Pärt peeglis. Vestlused, esseed ja artiklid,* Tallin: Eesti Entsüklopeediakirjastus, 2004, 84.

3 Arvo Pärt, borrador manuscrito para la entrevista con William Robin, «His Music, Entwined With His Faith». *The New York Times,* 16 de mayo de, 2014, Arvo Pärt Centre, APK 7-6.73_02.

En el corazón del Centro: la capilla de San Silouan y San Sofronio

Nikita Andrejev

Incluso un Centro necesita un centro. Una institución y su edificio se centran en una colección, una idea o una personalidad en torno a la cual convergen todas sus actividades, como los radios de una rueda se encuentran en el buje. Considerando este punto clave más detenidamente, nos damos cuenta de que dentro de él existe un punto focal adicional –otra realidad, no tan obvia, de la que extrae su vida e inspiración–.

La capilla del Centro Arvo Pärt se localiza en el patio más grande de los cinco que tiene el edificio, abierta al cielo y acompañada por el mismo musgo, brezo, helechos y arbustos de arándanos que crecen en el bosque circundante. La simplicidad y las proporciones rectas de la capilla con bóveda de cañón recuerdan a las pequeñas iglesias bizantinas antiguas que pueden encontrarse en las zonas rurales de Grecia y en otros países ortodoxos. El aspecto sencillo, sin adornos, de la estructura –construida como un bloque único de hormigón– contiene el regusto de algo primitivo, especialmente cuando la lluvia decolora su superficie con largas chorreras oscuras. Sobre la puerta de entrada a la capilla hay una pequeña cruz griega impresa en el hormigón que ensalza la austeridad del conjunto y revela su función.

La intención de los arquitectos del Centro fue crear la impresión de que la capilla era un elemento preexistente encontrado en el lugar. Como si una pequeña construcción antigua hubiera sido descubierta en el bosque de pinos de Laulasmaa y hubiera quedado atrapada dentro de la estructura del nuevo edificio. En esta poderosa idea resuenan las profundas primeras palabras del Evangelio según San Juan: «In principio». La capilla nos permite considerar que algo debió haber precedido al edificio del Centro. Tal vez, incluso, incite a preguntarse qué existía en los orígenes del mundo.

«En el principio era el Verbo, y el Verbo era con Dios, y el Verbo era Dios» (Juan 1:1). Con estas palabras, Juan el Evangelista establece un paralelismo entre su Evangelio y el primer libro de la Biblia, en el que la creación del mundo comienza con las palabras, «en el principio, creó Dios los cielos y la tierra» (Génesis 1:1). En el Génesis, cada día o estadio de la creación se pone en marcha con las palabras de Dios, «Sea…» o «Hágase…». Así aparecen la luz, los cielos, la tierra, las estrellas, la vegetación, los seres vivos y el hombre. En cuanto al Evangelio de Juan, este será una crónica sobre la naturaleza de esa palabra creadora tal como nos apareció encarnada. El protagonista del relato, Jesús, se muestra como la misma palabra de Dios que descendió del cielo para, a través del amor manifestado con su encarnación y crucifixión, volver a crear y reconstruir el universo en desintegración.

Hablando en términos arquitectónicos, la capilla pertenece al área de la biblioteca del Centro. Una biblioteca contiene colecciones de palabras que forman frases, capítulos y volúmenes. La biblioteca del Centro se considera el corazón espiritual del edificio, ya que contiene una gran parte de la literatura que directa o indirectamente ha influenciado la obra de Arvo Pärt. Si queremos sumergirnos en la atractiva naturaleza de su música, debemos conocer la palabra o palabras que componen el 'principio' de su música. No solo sus principios de composición, sino más bien la perspectiva espiritual que conforma su visión del mundo. Es ahí donde el simbolismo de la capilla, ubicada a propósito en el corazón del Centro, adquiere importancia.

Cuando abrimos la puerta de la capilla y miramos dentro, vemos, en el nivel inferior de las pinturas de la pared opuesta, la figura de cuerpo entero y de pie de Jesucristo flanqueada por dos santos. Aparece dentro de una *mandorla,* un marco en forma de almendra de color azul oscuro en el centro que gradualmente se aclara a medida que llega al borde exterior. Esta es la forma tradicional empleada para simbolizar la gloria de Dios en la iconografía bizantina. La mandorla es como una irrupción de luz divina en el mundo. Irradiando de su forma humana, denota la naturaleza divina de Cristo. Entonces, en esta figura principal de la serie de murales, apreciamos una representación visual del «Verbo» que era «en el principio» y «era Dios», y que, como afirma un versículo posterior del prólogo de San Juan, «se encarnó y habitó entre nosotros; y vimos su gloria» (Juan 1:14).

Compartiendo la luz de Cristo e inclinándose devotamente hacia él con gestos que representan el diálogo y la súplica de la oración, están los dos hombres santos a los que está dedicada la capilla: San Silouan de Athos y el recientemente canonizado San Sofronio de Essex. El primero, un gran asceta ortodoxo del siglo XX, vivió en la península del monte Athos en Grecia, una aislada 'república de monasterios' fundada en el siglo X. San Sofronio, su fiel discípulo, más tarde fundó un monasterio en Inglaterra. A través de su personalidad y sus escritos, el conocimiento sobre San Silouan y su mensaje se propagó por todo el mundo. Arvo Pärt y su esposa Nora mantuvieron una estrecha relación con el padre Sofronio, quien les dio consejo espiritual y apoyó las aspiraciones creativas de Pärt.

En la pared del fondo, sobre la puerta, hay una imagen que muestra lamentándose a nuestro antepasado Adán, el primer ser humano que es, al mismo tiempo, símbolo de toda la humanidad. El libro del Génesis cuenta cómo Adán fue creado para la vida en el paraíso, pero fue privado de este lugar o estado sagrado. Un texto escrito por San Silouan, *El lamento de Adán,* lo muestra lamentándose de su caída y rogándole a Dios que le devuelva las virtudes a través de las cuales pueda volver a contemplar a Dios: «¡Ten misericordia de mí, Oh Señor! Concédeme el espíritu de humildad y amor». Estas palabras, las palabras finales del *Lamento* musicalizadas por Arvo Pärt, están escritas a ambos lados de Adán.

El lamento de Adán, sin embargo, no termina como una tragedia desesperanzada. Desde el destierro, el Adán lamentador de la capilla mira al muro que tiene enfrente, orientado al este, donde llenando el semicírculo superior hay una imagen de María, Madre de Dios. Con las manos extendidas, reza por la humanidad caída, que rodea y protege con su manto. Al igual que Adán, María es una figura en quien la tradición cristiana también encuentra un significado simbólico, llamándola el 'Paraíso místico' recuperado. Habiendo dado a luz a Dios en Jesucristo, volvió a abrir las puertas a la contemplación de Dios en el rostro de su Hijo divino. Es él quien debajo, sosteniendo el Libro de la vida (el Evangelio) –en el que se inscribe el nombre bíblico de Dios 'YO SOY'–, revela la existencia eterna y absoluta en una forma concreta, como la palabra creadora de Dios encarnada. De esta manera, la capilla de San Silouan y San Sofronio representa un punto muy importante del Centro, una fuente de la que la actividad creativa puede extraer su fuerza y significado.

Resonancia sin fin

Covadonga Blasco Veganzones

La naturaleza de la totalidad cósmica es un dinamismo sin comienzo ni fin[1].
Paul Klee

Tras una expedición a los acantilados de Bandiagara, el etnólogo Dominique Zahan explicaba en su estudio *Notes Sur un luth dogon*[2] *(Notas sobre un laúd dogón)* el ritual de construcción de un laúd. Para los dogones, una de las etnias más misteriosas del planeta, el laúd es un instrumento sagrado cuya construcción supone un minucioso proceso cargado de gestos simbólicos. Con el fin de reflejar la estructura del mundo, el adivino del grupo, lutier y músico al mismo tiempo, entierra durante cuatro días la madera con la que fabrica el instrumento. Una vez terminado, el adivino lo toca, y es entonces cuando las diferentes piezas del laúd se unifican en el sonido que desvela la razón de ser del instrumento: la resonancia armónica entre la escala humana y el cosmos.

Al igual que el laúd dogón, el Centro Arvo Pärt es un instrumento que busca la resonancia que armoniza arquitectura, cuerpo y paisaje. Una sincronización de tres frecuencias que se produce cuando la percepción y la lógica confluyen en un mismo sentido.

La naturaleza acústica del fenómeno de la resonancia propicia una reflexión sobre la dimensión sonora del paisaje, en la que la *escucha,* como estado tenso del oír, aporta *sentido* a lo sentido, y permite transgredir la evidencia para desvelar los registros sonoros contenidos en lo visible[3].

El camino de acceso al centro, el edificio principal, la pequeña capilla y la torre de observación constituyen las piezas de un instrumento que se activa mediante el pensamiento sonoro.

La entrada al edificio principal se prolonga en el tiempo a través del camino serpenteante que conduce hasta su puerta de acceso. Su geometría se adapta respetuosamente a la topografía y a la posición de los árboles del bosque, sumergiendo al visitante en la escucha profunda de la naturaleza. De ella aflora la evidencia de la insignificancia de la escala humana respecto a la inmensidad del entorno. Durante el recorrido, entre los árboles, la vista descubre los valores estéticos del bosque de Laulasmaa y, paralelamente, la escucha evoca la imagen de los sonidos primarios percibidos de fondo. Los pájaros, el viento, la lluvia... generan figuras comunes a todas las culturas gracias a la acumulación de experiencias sensibles universales. Así, el mar, oculto a pocos metros del camino, se hace visible en el sentir del rumor de las olas, y el color gris del Báltico se incorpora al paisaje del camino a través del sonido.

Súbitamente, se erige una presencia camuflada entre los árboles. La arquitectura del Centro Arvo Pärt aparece en el lugar en el que, en potencia, siempre estuvo. Un vacío invadido por las fuerzas dinámicas del paisaje en el que movimientos centrípetos y centrífugos sitúan al cuerpo en el centro del espacio.

El Centro Arvo Pärt no es un objeto aislado del orden natural, sino que reproduce la estructura misma de la naturaleza y se construye con ella.

El edificio se integra espontáneamente al incorporar en su diseño las fuerzas sensibles del entorno. La belleza de los ritmos y la musicalidad de las huellas sonoras del territorio se expresan en formas abstractas que son consecuencia de un solemne respeto al lugar.

La relación visual que se produce entre los troncos de los pinos del bosque y las columnas de las fachadas interior y exterior, crea un campo reverberante donde la composición musical y la arquitectónica se imbrican. El sonido se transforma sutilmente en materia en un trasvase de estructuras, logrando una analogía perceptiva que solo puede resultar del diálogo sincero entre la pureza del sonido de Arvo Pärt y el dominio de la geometría de Nieto Sobejano. Dentro del edificio no existe un afuera o un adentro, sino una remisión constante en la que el paisaje adopta a su vez la imagen de la arquitectura.

Los elementos más singulares del proyecto, la capilla y la torre, provocan un mismo paisaje introspectivo en dos espacios esenciales. Ambos, en su grandeza o contención respectiva, incitan al silencio en la intimidad que genera la escala de sus espacios. Un silencio que no significa ausencia de sonido, sino la confluencia en el recuerdo de todos los sonidos vividos. Un paisaje virtual en el que lo lejano y lo próximo se encuentran en el horizonte profundo de la memoria.

Tanto la contemplación desde la torre del límite entre la tierra y el cielo, como la observación del tránsito del tiempo encapsulado en la capilla, exaltan la emotividad que saca al hombre fuera de sí, liberando el cuerpo para hacer de él una caja de resonancia que vibra con el universo que lo contiene.

El músico que interpreta una partitura de Arvo Pärt, al igual que el adivino con su laúd, vive la música. Es capaz de leer, tocar y escuchar simultáneamente una melodía. De la misma manera, el paisaje se construye en la vivencia, cuando se experimenta su representación al construir una imagen al mismo tiempo que se habita en ella. Como fenómeno dinámico, el paisaje se define en su experiencia activa cuando el tiempo se convierte en espacio. Lo sensible traspasa la lógica, y su entendimiento se intuye a través del conocimiento por resonancia, aquel que Paul Klee tomaba para llegar a la visión filosófica del universo y así crear, libremente, formas abstractas. Las mismas con las que se construye cada una de las piezas que componen el Centro Arvo Pärt.

La escucha del Centro Arvo Pärt conecta con significados de la obra que van más allá de las apariencias, propiciando el encuentro de dos epicentros, el de la experiencia y el de la representación, que se interpelan mutuamente por resonancia para encontrar, en el diálogo entre disciplinas, la frecuencia que armoniza arquitectura, cuerpo y paisaje.

1 Paul Klee, «Vías diversas en el estudio de la naturaleza». En *Teoría del arte moderno,* Buenos Aires, Cactus, 2007, pp. 43-47.

2 Dominique Zahan, «Notes sur un luth dogon». En: *Journal de la Société des Africanistes,* 1950, tomo 20, fascículo 2, pp. 193-207

3 Cfr. Jean-Luc Nancy, *A la escucha,* Buenos Aires, Amorrortu editores, 2008.

Impressum

Dieses Textheft beinhaltet Übersetzungen ins Deutsche und ins Spanische aller Texte des Buches / Este folleto contiene traducciones al alemán y al español de todos los textos del libro
Arvo Pärt Centre & Nieto Sobejano Arquitectos – A Common Denominator

Übersetzungen ins Deutsche:
Saskia Bontjes van Beek übersetzte die Texte von Covadonga Blasco Veganzones: *Endloses Vexierspiel* und den Text von Fuensanta Nieto und Enrique Sobejano *Die Architektur: Raumgewordener Klang*
Ein gemeinsamer Nenner: Arvo-Pärt-Zentrum und Nieto Sobejano Arquitectos und *Verzeichnis – Wie dieses Buch zu lesen ist* wurden von Mikko Fritze und Paula Fritze übersetzt.
Alle übrigen Texte wurden von Refiner Translations, Mikko Fritze und Paula Fritze übersetzt.

Textos en español:
Los textos *Resonancia sin fin* de Covadonga Blasco Veganzones y *Arquitectura: sonido transformado en espacio* de Fuensanta Nieto y Enrique Sobejano, fueron escritos en español por sus autores. El resto de textos han sido traducidos del inglés por Covadonga Blasco Veganzones y Paula Fritze. Todos los textos en español han sido revisados por Jesús Palacio.

SA Arvo Pärdi Keskus
Kellasalu tee 3, Laulasmaa
76702 Lääne-Harju vald, Harjumaa
Eesti
www.arvopart.ee

ArchiTangle GmbH
Meierottostraße 1
10719 Berlin
Deutschland
www.architangle.com

ISBN 978-3-96680-003-7